Thomas Hohensee | Renate Georgy

GELASSENHEIT

in der

LIEBE

Thomas Hohensee | Renate Georgy

GELASSENHEIT *in der* LIEBE

Vom Beziehungsfrust zum entspannten Glück

mvgverlag

Bibliografische Information der Deutschen Nationalbibliothek:
Die Deutsche Nationalbibliothek verzeichnet diese Publikation in der Deutschen Nationalbibliografie; detaillierte bibliografische Daten sind im Internet über http://d-nb.de abrufbar.

Für Fragen und Anregungen:
info@mvg-verlag.de

1. Auflage 2016

Nymphenburger Straße 86
D-80636 München
Tel.: 089 651285-0
Fax: 089 652096

Redaktion: Birgit Bramlage
Umschlaggestaltung: Stephanie Druckenbrod, München
Umschlagabbildung: Shutterstock
Satz: Georg Stadler, München
Druck: GGP Media GmbH, Pößneck
Printed in Germany

ISBN Print 978-3-86882-654-8
ISBN E-Book (PDF) 978-3-86415-907-7
ISBN E-Book (EPUB, Mobi) 978-3-86415-908-4

Weitere Informationen zum Verlag finden Sie unter

www.mvg-verlag.de

Beachten Sie auch unsere weiteren Verlage unter
www.muenchner-verlagsgruppe.de

Inhalt

I. Plädoyer für mehr Gelassenheit in der Liebe

Gelassenheit und Liebe – passt das überhaupt zusammen?

Ist wahre Liebe nicht etwas, das uns wie ein Tornado erfasst, wie der Blitz trifft oder wie eine riesige Welle mitreißt?

Nun ja, wenn man auf Tragödien steht, trifft das vielleicht zu. Oder wenn man sich gemütlich in einen Kinosessel kuscheln kann, um anderen bei ihren dramatischen Geschichten zuzusehen. Aber wer möchte schon selbst in Katastrophen verwickelt sein?

Es lohnt sich, gelassen zu lieben.

Nervenaufreibende, kränkende Dauerkonflikte, aber auch die ständige Fahrt in der Achterbahn der Gefühle sind Gift für Körper und Seele. Noch wichtiger als wohltuende Bewegung und vernünftige Ernährung sind für ein langes, gesundes Leben gute Beziehungen. Und unsere bedeutsamste Verbindung ist die zu unserem/unserer PartnerIn.

Kein Liebespaar hat es jemals darauf angelegt, nach einiger Zeit wie Fremde nebeneinander zu existieren und allenfalls noch die berühmten achteinhalb Minuten pro Tag miteinander zu sprechen. Kein Paar schweigt sich gerne an oder möchte sich in verbittertem Dauergenörgel verlieren.

Wie war das noch mit dem Himmel voller Geigen?

Wäre es nicht wunderbar, jenseits von dramatischen Fantasien, realitätsfernen Mythen und süßlichen Klischees über die Liebe, Kopf und Herz für eine entspannte, glückliche und vor allem lebbare Beziehung mit dem Menschen einzusetzen, der einem am meisten bedeutet? Aber wie kann eine solche Liebe gelingen, die ebenso erfüllend und inspirierend wie unaufgeregt und bodenständig ist?

Gelassene Liebe fällt nicht vom Himmel. Wir können uns aber ein Stück vom Paradies auf die Erde holen, wenn wir wissen, worauf es ankommt und wie zwei Menschen nicht nur in der ersten Verliebtheitsphase, sondern auch nach Jahrzehnten noch entspannt und gelassen miteinander umgehen können.

Dafür gibt es keine Patenrezepte. Jedes Paar ist anders. Deshalb beschreiben wir verschiedene Wege, wie zwei Menschen das für sie passende Modell ihrer Liebesbeziehung entdecken und vor allem umsetzen können. Denn Liebe und Glück sind für jede/n etwas anderes.

Wie immer schreiben wir sowohl in der männlichen als auch in der weiblichen Form. Für uns ist unerheblich, ob sich unsere LeserInnen als Frauen, Männer, irgendetwas dazwischen oder etwas ganz Neues verstehen. Wir freuen uns über alle, die mehr Spaß an der Liebe haben wollen, unabhängig von Geschlechternormen. Auch hier täte uns allen mehr Gelassenheit gut.

Schluss mit dem Stress in der Beziehung

Wir alle kennen Paare, bei denen man sich fragt, was da schiefgelaufen sein mag. Wie konnten zwei einstmals ineinander verliebte Menschen zu solch missgelaunten Wesen werden, die sich im Supermarkt über den Kauf der richtigen Eier in die Haare geraten und am Ende nur noch durch den gleichen Nachnamen verbunden sind?

Man spürt, dass rund um so ein zerstrittenes Paar jede Menge Konflikte lauern, die wie Tretminen bei einer falschen Bewegung explodieren können. Da nur noch wenige Themen spannungsfrei sind, ist es kein Wunder, dass ihnen der Gesprächsstoff ausgegangen ist und unbedachte Äußerungen sorgsam vermieden werden.

Bei einigen haben sich die Gemeinsamkeiten vielleicht tatsächlich erschöpft, und es wäre besser, wenn sie sich trennen. Für diese haben wir unser Buch »Zufrieden geschieden« geschrieben.

Andere dagegen könnten an frühere, glücklichere Zeiten anknüpfen, wenn sie mehr darüber wüssten, wie Gelassenheit in der Liebe funktioniert. Und dann ist da noch die große Gruppe derjenigen, bei denen vieles rund läuft, die aber allzu oft in vermeidbare Frustfallen tappen. Für sie alle ist »Gelassenheit in der Liebe« genau richtig. Und wir können Ihnen gleich am Anfang ein Geheimnis verraten: Auch wir haben dabei noch eine ganze Menge gelernt!

Entspanntes Glück zu zweit

Es muss einen Grund dafür geben, dass Sie einmal ein Paar geworden sind. Warum ist Ihre Wahl genau auf die Person gefallen, die jetzt an Ihrer Seite ist?

Vielleicht war das bei Ihnen so ähnlich wie bei uns: Sie mochten sich gern anschauen. Sie haben sich gern berührt. Sie konnten sich stundenlang unterhalten. Sie haben viel miteinander gelacht. Sie fanden alles am anderen spannend. Sie haben sich miteinander wohlgefühlt.

Mit anderen Worten: Sie mochten sich sehr, sehr gern und wollten so viel wie möglich zusammen sein.

Wenn alles gut gegangen ist, empfinden Sie heute noch genauso. Manchmal scheint sich aber unmerklich der Alltag in das Liebesglück geschlichen zu haben. Das ist an sich nichts Schlimmes. Niemand hält es dauerhaft auf Wolke sieben aus. Wir leben schließlich auf der Erde. Der Himmel kommt später.

Aber sehnen wir uns nicht doch alle nach der großen, dauerhaften Liebe, die unser Herz wärmt, uns (immer noch) ein wohliges Kribbeln im Bauch vermittelt und unseren Kopf frei und klar macht. Was kann man dafür tun?

Wir empfehlen jedem: Probier's mal mit Gelassenheit!

Um es miteinander nicht nur auszuhalten, sondern auch auf Dauer richtig Spaß zusammen zu haben, braucht es eine Fähigkeit, die die meisten in Beziehungen vollkommen übersehen: Gelassenheit.

Mit ihr gelingt es, Konflikte, die in jeder Partnerschaft unweigerlich auftreten, so zu entschärfen, dass keine Verletzungen zurückbleiben. Gut miteinander streiten zu können, ist für den Bestand einer Beziehung ganz entscheidend (und nicht, wie oft vermutet wird, dass es im Bett gut läuft; denn wenn es sonst nicht funktioniert, klappt es auch dort nicht für immer).

Gelassenheit ist ein Zeichen emotionaler Intelligenz. Die eigenen Gefühle sowie die Emotionen der anderen verstehen und damit umgehen zu können, gilt zu Recht als unerlässlich für ein harmonisches Zusammenleben, nicht nur in Liebesbeziehungen.

Ohne innere und äußere Entspanntheit wird jede Partnerschaft zu einer stressvollen Angelegenheit.

Lieben will also gelernt sein. Anders als so viele meinen, fällt es einem nicht in den Schoß. Die Instinkte lassen einen in diesem Fall kläglich im Stich. Sie taugen höchstens dafür, dass die Sache mit der Fortpflanzung klappt. Für eine langjährige, erfüllte Partnerschaft ist mehr nötig. Die Mythen über die Liebe helfen einem nicht weiter. Sie führen nur in die Irre. Deshalb gilt es, sie zu entlarven und die Denkfehler zu vermeiden, die das gemeinsame Glück erschweren oder sogar unmöglich machen. Und es braucht ein paar Tricks, die die Liebe frisch halten.

Wir sind davon überzeugt, dass »Gelassen lieben« die neue Formel für das dauerhafte Glück zu zweit ist!

Aber sehen Sie selbst.

I. Gelassen lieben für Anfänger

Die meisten Menschen wissen nicht, wie ihre Gefühle entstehen. Deshalb fällt es ihnen schwer, ihre Emotionen zu regulieren. So glauben sie, von ihrer PartnerIn emotional abhängig zu sein. Ein Irrtum, aus dem viele weitere hervorgehen, die sich allesamt negativ auf Liebesbeziehungen auswirken.

Aus diesem Grund beginnt unser Buch mit der Aufklärung über Gefühle.

Die Basis dafür ist das Kognitive Modell, das aus der empirisch gut erforschten Kognitiven Verhaltenstherapie stammt und sich in unzähligen Studien als richtig erwiesen hat.

Die Kernthese lautet: Man fühlt so, wie man denkt.

Sind Sie emotional aufgeklärt?

Seit den 1960er-Jahren werden Kinder in Deutschland sexuell aufgeklärt. Man würde es heute schockierend finden, wenn zum Beispiel eine 12-Jährige nicht wüsste, woher die Babys kommen.

Eine vergleichbare Aufklärung darüber, woher die Gefühle kommen, findet bislang nicht statt. Deshalb wissen sogar die meisten gebildeten Erwachsenen nicht, warum sie fühlen, wie sie fühlen.

In Verkennung der wahren Ursachen machen sie ihre Umgebung und insbesondere den Partner/die Partnerin für ihren Ärger, Frust, Ängste und ihre Eifersucht, aber auch für ihr Glück insgesamt verantwortlich. »Du machst mich glücklich« oder »Du machst mich traurig« sagen sie zu ihrem Lieblingsmenschen im Glauben, dass es so sei.

Die Kognitive Verhaltenstherapie hat durch zahllose Studien belegt, dass wir so fühlen, wie wir denken. Mit dieser Erkenntnis leitete sie eine Revolution in der Psychologie ein. Vorher galt das Reiz-Reaktions-Schema als richtig, wonach ein äußeres Ereignis Emotionen und Verhalten auslöst. Erst die Kognitive Verhaltenstherapie fand heraus, dass das Entscheidende zwischen dem äußeren Reiz und der Reaktion geschieht, nämlich die Bewertung des Reizes.

So führt beispielsweise das Auftauchen eines als attraktiv empfundenen Passanten und die Beachtung, die er beim weiblichen Teil eines Paares findet, nicht zur Eifersucht beim männlichen Teil. Eifersucht entsteht nur dann, wenn der Mann so etwas denkt wie: »Warum glotzt sie jetzt diesem Schönling hinterher? Meine Frau sollte mich ansehen und keinen anderen! Ich weiß schon: Sie steht auf diese smarten Typen. Ich bin nicht liebenswert. Aber ich werde nicht kampflos aufgeben.«

Würde der Mann anders denken, käme keine Eifersucht auf: »Die Jacke von dem Typen da drüben ist nicht übel. So eine könnte ich mir auch mal kaufen. Die würde mir sogar besser stehen als dem. Silvia guckt auch schon ganz interessiert. Die Jacke ist wirklich toll.«

Oder auch (eignet sich für Fortgeschrittene):

»Silvia schaut sich ziemlich nach diesem Typen um. Für solche smarten Männer hat sie ein Faible. Er sieht ja auch nicht schlecht aus. Klappen würde das mit so einem aber nicht. Sonst hätte sie sich nicht vor drei Jahren von David getrennt. Pech, mein Junge, du kommst zu spät.«

Während der Mann in unserem ersten Beispiel am Rande des Nervenzusammenbruchs steht, freut er sich im zweiten Beispiel auf den Kauf einer neuen Jacke. Im dritten Beispiel bleibt er gelassen, ist sogar etwas amüsiert. Während der Mann im ersten Beispiel auf dem besten Weg ist, seiner Frau heftige Vorwürfe zu machen oder sich den ganzen Abend deprimiert zurückzuziehen, verabredet er sich im zweiten Beispiel vielleicht mit seiner Frau zu einer vergnüglichen Einkaufstour oder verbringt im dritten Beispiel einen angenehmen Abend mit ihr.

Wenn man nicht weiß, wie Gefühle entstehen, fällt es schwer, mit sich und anderen gut auszukommen. Deshalb ist es allerhöchste Zeit, der sexuellen Aufklärung endlich die emotionale folgen zu lassen.

Schnallen Sie sich an, jetzt wird es spannend …

Die Achterbahn der Gefühle

Wer kennt das nicht? Gerade wenn man frisch verliebt ist, hängt der Himmel voller Geigen. Man ist so begeistert, endlich jemanden gefunden zu haben, den/die man anziehend, interessant, sexy, lustig und überhaupt ganz wunderbar findet. Es gehen einem Gedanken durch den Kopf wie: »Ach, ist das alles aufregend und schön. Ich glaube, ich platze gleich vor Glück. Hoffentlich ist bald Wochenende, dann haben wir endlich wieder richtig Zeit füreinander.«

Andererseits ist so eine junge Liebe oft auch mit Zweifeln verbunden. Man fragt sich: »Wird das alles gut weitergehen? Wird mich der andere auch nicht enttäuschen? Vielleicht erwartet sie etwas, das ich ihr nicht geben kann? Vielleicht meint er es nicht ernst und spielt nur mit mir?«

Während man zunächst mit der Achterbahn in die höchsten Höhen gekurvt ist, steht dann schon wieder der Absturz bevor. Ratternd rast man die ganze Strecke holterdipolter wieder herunter, sodass einem ganz anders wird. Und dann geht das Spektakel wieder von vorne los.

Dieses Achterbahnfahren ist leider kein Phänomen der ersten Verliebtheit. Auch wenn man schon länger zusammen ist, wechseln sich unter Umständen himmelhoch jauchzende mit zu Tode betrübten Stimmungen ab. Man hat vielleicht ein schönes Wochenende irgendwo am See verbracht, ist geschwommen, hat gekuschelt und lecker gegessen. Doch dann zieht wieder der Alltag ein, und der Lieblingsmensch teilt einem plötzlich mit, dass er wieder mehr Zeit für sich haben will.

Schon geht die Achterbahnfahrt von vorn los: »Was soll das bedeuten? Liebt er mich nicht mehr? Gibt es da vielleicht jemand anderen, und ich werde deswegen auf Distanz gehalten? Es ist alles so furchtbar, obwohl es gerade noch so wunderbar war!«

Manche Menschen ziehen daraus den Schluss, Liebe sei zwar schön, mache aber auch viel Arbeit und vor allem eine Menge Kummer. Sie bleiben deshalb lieber allein.

Andere arrangieren sich mit den Aufs und Abs in ihrer Beziehung, träumen aber insgeheim von der großen, unendlichen Liebe, die alles heilt und gut macht. Wo bleibt sie nur?

Der Stoff, aus dem die Träume sind: Hollywood, Bollywood, ein großer Teil der sogenannten Frauenromane und die Programme der Fernsehstationen sind voll davon.

Es stellt sich die Frage: Geht das auch ganz anders?

Ist ein Zusammenleben denkbar, das innig, aber nicht einengend, abwechslungsreich, aber nicht anstrengend, langjährig, aber nicht langweilig ist?

Lässt sich die ständige Achterbahnfahrt der Gefühle stoppen und wenn ja, wie?

Emotionales Selbstmanagement oder wie man mit seinen Gefühlen klarkommt

Einige von Ihnen denken jetzt vielleicht: Was hat Management mit Liebe zu tun? Das klingt irgendwie furchtbar technisch! Reicht es nicht, dass heute schon viele andere Dinge gemanagt werden, selbst das Saubermachen und die Kindererziehung? Gefühle habe ich nun mal, was soll ich da managen?

Keine Sorge! Wir wollen aus Ihnen weder TechnokratInnen noch Roboter machen. Es geht uns um emotionale Intelligenz und Selbstbestimmung. Beides sind wesentliche Grundlagen für ein gutes Leben.

Wir wissen im Prinzip doch alle, dass ein hoher IQ allein nichts darüber aussagt, ob Menschen mit sich selbst und anderen zurechtkommen. Damit jemand das kann, müssen Kopf und Herz zusammengehen.

Erinnern Sie sich an den Grundsatz der Kognitiven Methode:

Wir fühlen so, wie wir denken.

Nicht ein Ereignis in der Außenwelt (A) führt zu Konsequenzen (C), sondern die dazwischenliegende Bewertung (B). Das ist das ABC der Gefühle.

AC-Denken, also die Annahme, dass die Außenwelt (A) unmittelbar Konsequenzen (C), nämlich Gefühle und Handlungen auslöst, entspricht nicht den Tatsachen.

In dem Beispiel mit dem eifersüchtigen Mann haben Sie gesehen, dass die Ereignisse allein gar nichts mit uns machen, wenn nicht unsere Bewertungen dazukommen. Und diese Bewertungen können – unabhängig von der Situation – völlig unterschiedlich sein.

Wissen Sie, was das Wunderbare daran ist? Über die Bewertungen entscheiden wir allein. Dazu sind Bewusstheit und Übung nötig, aber damit haben wir den Schlüssel zum Glück und zum gelassenen Lieben in der Hand. Wir entscheiden, wie glücklich wir sein wollen. Wir entscheiden, ob unsere Liebesbeziehung erfüllend oder nervenaufreibend und unbefriedigend ist. Wenn wir das ABC der Gefühle beherrschen, steht uns die Welt offen, und die Liebe kann endlich so schön sein, wie sie gedacht ist.

Der erste Schritt auf dem Weg zur emotionalen Intelligenz ist, mit sich selbst gut zurechtzukommen. Kennt nicht jeder Menschen, die ständig versuchen, andere zu ändern? Warum tun die das? Es geschieht nicht unbedingt um des anderen willen, sondern weil sie glauben, selbst sonst nicht glücklich sein zu können. Oft wissen sie gar nicht, wie sie selbst zufriedener werden können.

Da ist zum Beispiel eine Frau, nennen wir sie Julia, die vor einigen Monaten einen interessanten Mann kennengelernt hat. Sie mag, wie er aussieht und wie er riecht. Sie findet seinen Beruf und seine Hobbys interessant. Wenn da nicht diese eine »Sache« wäre: Er ist ein »großer Schweiger«. Über seine Gefühle redet er nicht. Zwar verabreden sie sich oft und haben viel Spaß zusammen. Aber Julia vermisst sowohl glühende Liebesbekenntnisse als auch den Einblick in sein Innenleben.

Daher beschließt sie, dass er ihr »Ausbildungsprogramm« durchlaufen wird. »Dem Manne kann geholfen werden«, denkt sie sich. Julia ist fest davon überzeugt, mit ein wenig Nachhilfe wird sie ihn schon »hinbekommen«. Ein Jahr später ist ihr Angebeteter genervt von ihrer dauernden Kritik, er müsse mehr aus sich herausgehen. Und Julia ist erschöpft und traurig, dass sie ihrem Ziel kaum nähergekommen ist. Was tun?

Würde Julia erkennen, dass ihr Wohlbefinden nicht davon abhängt, ob ihr Freund ihr seine Liebe beteuert und seine Emotionen so zeigt, wie sie sich das wünscht, dann hätte sie überhaupt kein Problem. Sie könnte die sonnigen Seiten der Beziehung genießen und würde nicht ständig an der Zuneigung des Mannes zweifeln. Sie müsste nur auf die Bestätigung von außen verzichten, dass sie liebenswert ist.

Wie kann das praktisch gelingen?

Zurzeit denkt Julia in etwa so: »Woher weiß ich, ob Tarek mich wirklich liebt? Er sagt es nie. Das macht mich verrückt. Macht das überhaupt Sinn mit uns? Wenn ich die Richtige für ihn wäre, würde er es mir doch sagen. Aber so toll scheine ich nicht zu sein.«

Julia könnte aber auch ganz anders mit sich sprechen, zum Beispiel so: »Einige Menschen reden über ihre Gefühle, andere nicht. Das hat nichts damit zu tun, ob sie empfindsam oder emotional sind. Es gibt einfach unterschiedliche Typen. Tarek ist gerne mit mir zusammen. Das sehe ich. Er hätte mir niemals den Vorschlag gemacht, seine Eltern kennenzulernen, wenn ich ihm nicht wichtig wäre. Ob ich glücklich oder unglücklich bin, liegt nicht in der Verantwortung von Tarek. Dafür muss ich selbst sorgen. Selbst wenn es mit uns auf Dauer nicht funktionieren würde, könnte ich einen anderen Partner finden oder zufrieden allein leben. Ich bin oft so unsicher, ob ich gemocht werde. Aber das ist mein Problem und nicht Tareks Schuld. Ich kann an mir arbeiten, um selbstsicherer zu werden. Dann hänge ich nicht dauernd an Tarek und brauche keine Bestätigung von ihm. Ja, so könnte es klappen. Ich probiere es mal aus.«

Sie merken, worauf wir hinauswollen. Die Situation hat sich nicht geändert. Tarek ist geblieben, wie er ist. Julia ist sich aber ihrer Gedanken und wunden Punkte bewusster geworden. Sie glaubt nicht mehr ungeprüft alles, was ihr durch den Kopf geht, sondern hinterfragt sich: »Stimmt das wirklich, was ich da denke? Hilft es mir weiter, was ich mir einrede?«

Julia fängt an, das ABC der Gefühle zu lernen. Ihr wird klar, dass Tareks Verhalten nur der Anlass für ihre Selbstzweifel ist, aber nicht die Ursache. Deshalb besteht sie nicht mehr darauf, Tarek zu ändern, sondern beginnt, ihre eigenen Gewohnheiten und Überzeugungen zu prüfen.

Klär mich auf

Den Zusammenhang zwischen dem Denken und Fühlen zu begreifen ist im Prinzip einfach. Die Grundlagen liefern wir Ihnen hier. Uns liegt die emotionale Aufklärung am Herzen. Darum geht es in diesem Buch. Im Literaturverzeichnis finden Sie außerdem noch eine Menge weiterführender Tipps.

Am Anfang leuchtet es einigen überhaupt nicht ein, dass es ihre Gedanken sein sollen, die ihre Emotionen auslösen. »Ich habe in dem Moment überhaupt nichts gedacht«, sagen sie. »Ich sah ihn/sie und war sofort verliebt.« Oder, um mal das Thema zu wechseln (wir hoffen, Sie finden das jetzt nicht unpassend): »Der Hund kam auf mich zugelaufen, und ich hatte Angst. Ich hatte gar keine Zeit, etwas zu denken.«

Der Eindruck, dass eine bestimmte Person oder ein kläffender Hund unmittelbar Gefühle ausgelöst hat, entsteht dadurch, dass die meisten es nicht gewöhnt sind, auf ihre Gedanken zu achten. Außerdem läuft der innere Film sehr schnell ab. Und hinzu kommt noch, dass Gedanken sich automatisieren, wenn wir sie oft denken. Sie werden uns so vertraut, dass wir sie gar nicht mehr richtig wahrnehmen. Es ist wie beim Zähneputzen. Das dafür notwendige kognitive »Programm« läuft im Hintergrund ab, während wir an etwas anderes denken.

Man kann sich seine Gedanken jedoch relativ leicht bewusst machen. Fragen Sie sich: »Was ging mir durch den Kopf, als ich ihn das erste Mal sah?« Vielleicht dachten Sie: »Toller Typ!« oder »Blödmann«? Als der Hund angerannt kam, schoss Ihnen durch den Kopf: »Der will nur spielen« oder »Der will mich beißen«?

Sie merken, dass es einen großen Unterschied macht, was man denkt. Man fühlt sich anders und handelt anders. (Wenn Sie beispielsweise finden, man könne nicht in einem Atemzug von Liebe und kläffenden Hunden sprechen, werden Sie Probleme mit unseren Beispielen haben. Sollten Sie Hunde dagegen mindestens so gern haben wie Menschen, lassen Sie sich auf unsere Erklärungen ein.)

Nun ist es so, dass rationale Gedanken zu angenehmen oder neutralen Gefühlen sowie zu sinnvollen Handlungen führen, irrationale dagegen zu emotionalem Aufruhr und zu unvernünftigem Verhalten.

Wenn man das Kläffen des Hundes falsch einschätzt, nach ihm schlägt, um ihn zu vertreiben, oder wegrennen will, kann die Situation tatsächlich eskalieren. Der Hund schnappt vielleicht nach einem.

In der Liebe führen falsche Einschätzungen ebenfalls zu Komplikationen. Hält man den tollen Typen für einen Blödmann und den Blödmann für einen tollen Typen, ist das Drama vorprogrammiert.

Davor kann man sich schützen, indem man nicht alles sofort glaubt, was man denkt. Man stellt erst einmal Fragen: »Ist der tolle Typ wirklich so toll, der Blödmann tatsächlich so blöd?« Der erste Eindruck kann richtig, aber auch falsch sein. Man sammelt zunächst mehr Informationen, bevor man sich auf eine tiefere Beziehung einlässt oder nicht.

Um Missverständnissen vorzubeugen: Niemand muss so bewusst vorgehen. Wer will, kann sich sofort in ein Abenteuer stürzen, sollte sich dann aber nicht wundern, wenn er/sie immer wieder die gleichen Enttäuschungen erlebt.

Wenn man mehr Informationen über den »tollen Typen« bzw. den »Blödmann« sammelt, bestätigt sich auf der Basis von Tatsachen entweder der erste Eindruck oder man fängt an umzudenken.

So ist es auch bei dem kläffenden Hund. Man beobachtet zunächst, was passiert. Der Hund beruhigt sich und beginnt neugierig zu schnuppern. Das mag man vielleicht nicht, aber jetzt ist klar, dass die Situation ungefährlich ist.

Es gibt nicht nur rationale und irrationale Gedanken, sondern auch angemessene und unangemessene Gefühle. Wenn man erkennt, dass der Supermann eigentlich ein Blödmann ist, ist das zwar enttäuschend, aber irgendwie auch erleichternd, weil man sich eine Menge Ärger erspart.

Übertrieben und unangemessen wäre es, einer Person monatelang nachzuweinen, die ganz einfach nicht zu einem passt. Sich nur schönen Fantasien hinzugeben (Wie herrlich hätte es sein können, wenn …), bringt nichts.

Gehen wir die einzelnen Schritte noch einmal durch:

1. Sich nicht nur die Gefühle, sondern auch die dazugehörigen Gedanken bewusst machen.
2. Irrationale und rationale Gedanken unterscheiden (vernünftige Gedanken beruhen auf Tatsachen und helfen einem, sich gut zu fühlen und angemessen zu verhalten).
3. Der Situation angemessene und unangemessene Emotionen unterscheiden.
4. Informationen sammeln.
5. Irrationale Überlegungen infrage stellen und durch rationale ersetzen.

6. Die gewonnenen Einsichten so lange wiederholen, bis man automatisch vernünftig denkt, sich wohlfühlt und das tut, was für einen richtig ist.

Wir erwarten nicht, dass Sie das ABC der Gefühle sofort beherrschen. Das sollten Sie auch von sich selbst nicht verlangen. Aber wenn man verstanden hat, woher die Emotionen kommen, ist das so ähnlich, wie wenn man erfahren hat, dass es nicht der Klapperstorch ist, der die Kinder bringt, und nicht der Weihnachtsmann, der die Geschenke unter den Christbaum legt: Das Weltbild ist danach nicht mehr dasselbe.

Man hat ein paar liebgewonnene Illusionen verloren. Aber das ist der Preis, wenn man wissen will, wie die Welt wirklich funktioniert.

Geteiltes Leid und doppelte Freude

Etwas, das sich wahrscheinlich alle Liebespaare wünschen, ist, zusammen eine Menge Spaß zu haben, aber auch alle Probleme miteinander teilen zu können. Es tut so gut, wenn man jemanden an der Seite hat, mit dem das möglich ist.

Die Sehnsucht, Rückenstärkung zu finden, unsere Schwächen zeigen zu dürfen und angenommen zu werden, wie wir sind, sollte jedoch nicht dazu führen, dass wir unseren Lieblingsmenschen für unser Wohlbefinden verantwortlich machen. Wir sind erwachsen und brauchen nicht mehr wie Babys und Kleinkinder die Fürsorge von anderen für unser Überleben. Letztlich brauchen wir die Liebe von jemand anderem nicht einmal, um glücklich zu sein.

Das hängt wiederum mit dem ABC der Gefühle zusammen.

Wir fühlen, wie wir denken.

Wenn wir uns glückliche Gedanken machen, sind wir glücklich. Machen wir uns liebevolle Gedanken, empfinden wir Liebe. Wenn wir unsere Bedürfnisse kennen und erfüllen, fühlen wir uns umsorgt und pudelwohl. Wir brauchen dafür niemand anderen als uns selbst.

Lieben wir uns selbst, können wir diese Liebe auf andere ausdehnen. Wenn wir es nicht schaffen, uns selbst die beste Freundin zu sein, was geben wir dann eigentlich an andere weiter? Liebe oder das Bedürfnis, endlich selbst geliebt zu werden? Indem wir an uns selbst vieles auszusetzen haben, richtet sich unser Fokus auf das Negative. Und in der Position rastet er ein: Wir sehen dann auch bei unserem Partner zuerst die Seiten, die wir nicht mögen, und nehmen die positiven Eigenschaften als selbstverständlich hin. Eine gute Beziehung kann so nicht entstehen.

Trotzdem sind unzählige Menschen davon überzeugt, dass die Grundlage einer Partnerschaft sich in folgenden Worten zusammenfassen lässt: »Du musst mich glücklich machen. Ich muss dich glücklich machen.«

Wie war das noch mal mit dem ABC der Gefühle?

Nicht die Ereignisse lösen unsere Gefühle aus, sondern unsere Bewertungen. Nicht das Verhalten einer anderen Person macht uns glücklich, sondern wie wir darüber denken. Nicht wir machen mit irgendetwas jemand anderen glücklich, sondern der andere besorgt das selbst (oder eben auch nicht) mit seinen Bewertungen.

Sehen wir uns als Beispiel die Beziehung von Jana und Georg an. Georg ist bis über beide Ohren in Jana verliebt. Er ruft sie täglich an, spielt ihr ihre Lieblingsmusik vor, lädt sie ins Kino ein und fängt schon an, eine gemeinsame Zukunft zu planen. Und Jana? Sie findet Georg ganz nett und sehr aufmerksam. Aber sie fühlt sich von seinen Plänen geradezu bedrängt. Sie träumt davon, die Welt zu bereisen, und weiß noch gar nicht, ob sie überhaupt eine feste Partnerschaft will. Nach einigen Wochen findet sie Georgs Liebesbezeugungen nur noch nervig und geht nicht mehr ans Telefon, wenn er anruft.

Liegt das jetzt an Georg? Warum schafft er es nicht, Jana glücklich zu machen? Stimmt etwas mit Georg nicht?

Keineswegs! Nastasja zum Beispiel würde sich riesig freuen, wenn Georg sich für sie dermaßen interessieren und ihr die Liebe entgegenbringen würde, die er im Moment für Jana empfindet.

Georg kann sich ins Zeug legen, wie er will. Jana springt einfach nicht auf seine Bemühungen an, weil sie sich nicht sicher ist, ob seine Pläne mit ihren übereinstimmen.

Im Übrigen kann Georg Nastasja nicht unglücklich machen, indem er sie komplett übersieht. Aber das ist eine andere Geschichte.

Und wie wäre es bei einem Paar, bei dem sich beide gleichermaßen lieben? Zum Beispiel Judith und Max. Sie sind seit vier Jahren glücklich zusammen. Judith hält die Zeit nun für gekommen, Kinder zu haben. Max sieht das nicht so und will noch warten. Die Beziehung kriselt.

Sagen Sie selbst: Macht Max Judith unglücklich? Macht Judith Max unglücklich? Müsste Max Judith glücklich machen? Oder müsste Judith Max glücklich machen? Aber wie?

Die Vorstellungen von Max und Judith über den richtigen Zeitpunkt, Kinder zu bekommen, stimmen einfach nicht überein. Das ist alles. Judith könnte warten, Max eine Frist setzen oder sich gleich von ihm trennen. Das wäre – vorsichtig gesagt – ziemlich unangenehm und würde Judiths Pläne mit Max erst einmal völlig auf den Kopf stellen, genauso wie seine Pläne mit Judith, aber es wäre keine Katastrophe. Es kommt im Leben einfach vor, dass ein Paar auseinandergeht, weil der eine Teil (noch) keine Kinder möchte (am besten ist, man klärt dieses Thema gleich am Anfang der Beziehung).

Aber häufig glauben Erwachsene Dinge wie: »Ich bin verloren, wenn er mich verlässt« (gerne auch in der Variante: »Ich bin verloren, wenn ich ihn verlasse«) oder »Ohne ihre Liebe ist alles grau«. Dabei können sie ihr Leben selbst so gestalten, wie sie es mögen. Sie sind in der Lage, Menschen zu finden, mit denen sie gerne zusammen sind, die ihre Zuneigung erwidern und mit denen sie all ihre Pläne verwirklichen können. Bei über 7 Milliarden Menschen auf dem Globus stehen die Chancen sehr gut, den oder die Richtige(n) zu treffen.

Aber sie können sich auch ganz allein glücklich machen, indem sie auf ihre Bedürfnisse hören und beginnen, sich diese selbst zu erfüllen. Babys können das nicht, Erwachsene wohl.

Wenn wir wirklich begreifen, dass es an uns selbst liegt, wie wir uns fühlen, müssen wir nicht mehr am anderen zerren und ständig fordern: »Mir geht es nicht gut. Mach mich glücklich!« Wir können vielmehr aus einer Position der emotionalen Stärke heraus auf andere zugehen, uns gegenseitig unterstützen und unsere Freuden miteinander teilen, ohne voneinander abhängig zu sein.

Mit dir sind wir vier

Ja, wir sind erwachsen. Das heißt allerdings nicht, dass unsere inneren Kinder nicht noch ziemlich lebendig sein können. Das macht überhaupt nichts. Im Gegenteil: Wenn es uns gelingt, unsere verschiedenen Persönlichkeitsanteile zu versöhnen, wenn Kind und Erwachsene/r prima miteinander auskommen, ist alles gut.

Kinder – auch innere – haben noch nichts vom ABC der Gefühle gehört und könnten damit auch wenig anfangen, jedenfalls wenn sie noch klein sind. Sind sie glücklich, könnten sie vor Begeisterung die ganze Welt umarmen. Sind sie traurig, nimmt das leicht die Ausmaße eines Weltuntergangs an. Es trifft ja keineswegs zu, dass Kinder dauernd gut drauf sind. Wer das behauptet, lebt fernab der Realität. Sie sind einfach sehr spontan und leben im Hier und Jetzt, mit allen Vor- und Nachteilen.

Deshalb kann es passieren, dass unser inneres Kind lautstark protestiert, wenn wir beispielsweise beschließen, heute keinen Eisbecher mit Sahne zu bestellen. Für das Kind bedeutet das nämlich, es gibt nie, nie wieder leckeres Eis.

Wenn unser inneres Kind vom Partner hört: »Lass uns das Wochenende zur Abwechslung mal getrennt verbringen«, schreit es auch sofort los: »Du liebst mich nicht mehr, du bist so gemein!«

Treffen sich die beiden inneren Kinder eines Paares, kann es sehr lustig werden. Aber auch sehr, sehr unvernünftig. Und jetzt kommen Sie uns nicht damit, dass Unvernunft doch etwas Tolles sei! Ja, es kann Spaß machen, mal etwas richtig Durchgeknalltes zu tun. Aber die Idee, auszuprobieren, was sich zum Beispiel mit diesen interessanten Streichhölzern alles anstellen lässt, führt bei zwei Kleinkindern regelmäßig nicht zu einem Riesenspaß.

Glauben Sie uns, denn wir sind die mit dem Brandfleck im Esstisch. Und das kam so: Wir waren so begeistert über ein tolles Essen, das wir gekocht hatten, dass wir es unbedingt noch mit ein paar brennenden Wunderkerzen dekorieren wollten. Dass durch die herabfallenden Funken unser Tisch Feuer fangen würde, hatten wir nicht bedacht.

In der Partnerschaft melden sich die inneren Kinder besonders dann zu Wort, wenn sie Angst haben, verlassen zu werden oder nicht genug Liebe zu bekommen. Da kann die beiläufige Bemerkung der Partnerin: »Stell' dir vor, ich habe heute John wiedergetroffen. Du weißt doch, der, mit dem ich damals in New York zusammen war. Wir wollen nächste Woche zusammen etwas trinken gehen und von alten Zeiten schwärmen«, bei dem kleinen Paul, also dem inneren Kind ihres jetzigen Partners, schnell klingen wie: »Tut mir leid, aber du bist abgemeldet. Ich spiele jetzt lieber wieder mit John.« Oder das innere Kind von Maria, die so strenge Eltern hatte, flippt bei der Frage ihres Partners: »Musst du immer alles rumliegen lassen?« vollkommen aus.

Anstatt die inneren Kinder ungehemmt agieren zu lassen, kann man das Erwachsenen-Ich einschalten und sich vernünftig benehmen, falls die Monster auf und unter dem Bett zu viel Theater machen. Man muss nicht mehr bei jeder Kritik heulend aus dem Zimmer rennen (auch wenn es schwerfällt). Man kann darauf verzichten, bei Konflikten seinen Widersacher einfach umzuschubsen (was man am liebsten tun würde) oder ihm die rote Gummischaufel auf den Kopf zu hauen (was auch seinen Reiz hätte). Stattdessen nimmt man sein inneres Kind liebevoll in den Arm, hört ihm zu und findet gemeinsam bessere Lösungen als damals.

II. Frustfallen

Wenn man emotional aufgeklärt ist, weiß man, dass die äußeren Ereignisse nur den Ausgangspunkt für unsere schlechte Laune bilden. Die wahren Frustfallen sind unsere irrationalen Überzeugungen.

Irrationale Überzeugungen, auch Denkfehler oder – wenn sie gesellschaftlich akzeptiert sind – Mythen genannt, wirken sich negativ auf die Emotionen, das Verhalten, die Gesundheit und die Beziehungen zu anderen Menschen aus.

In diesem Teil des Buches untersuchen und widerlegen wir verschiedene weitverbreitete Missverständnisse über die Liebe. Wir geben Ihnen Werkzeuge an die Hand, mit denen Sie selbstständig Ihre Denkfehler erkennen und berichtigen können. Dadurch fühlen und verhalten Sie sich besser. Ihr (Beziehungs-)Stress nimmt kontinuierlich ab.

Bei kaum einem anderen Thema gibt es so viele Irrtümer wie bei der Liebe. Wenn Männer vom Mars und Frauen von der Venus kommen: Woher kommen dann die Paare, die ein Leben lang glücklich zusammenleben? Selbstliebe ist zweifellos wichtig. Aber muss es dann gleich egal sein, wen man heiratet?

Solche Mythen und Denkfehler, die serienweise in Beziehungsratgebern zu finden sind, verwirren nur. Sie machen es schwer, den Weg vom Beziehungsfrust zum entspannten Glück zu zweit zu finden.

Wir können nicht mit allen Irrtümern über die Liebe aufräumen. Dazu sind es zu viele. Man könnte ganze Bücher damit füllen. Wir beschränken uns hier auf ein paar klassische Beispiele in der Hoffnung, dass Sie die übrigen selbst bemerken.

1. Mythen über die Liebe

Der natürliche Geschlechterkampf

»Männer und Frauen passen einfach nicht zusammen«, diesen Seufzer hört man landauf, landab. Kommt es nur uns so vor, als würden besonders Frauen darüber klagen? Oder ist das schon wieder ein Klischee?

»Die Männer sind alle Verbrecher«, wäre die härtere Variante dieser »Volksweisheit«. Ein schönes Beispiel für pures Alles-oder-Nichts-Denken. Mit anderen Worten: Es ist irrational und bestens geeignet, sich selbst unglücklich zu machen; denn wenn man diesen Satz glaubt, ist die Lage hoffnungslos, was Beziehungen angeht.

Viele Menschen beschweren sich darüber, was ihre PartnerIn tut oder nicht tut. Aber haben die Probleme wirklich ihren Ursprung in der unterschiedlichen Biologie? Ist ein harmonisches Zusammenleben von Mann und Frau tatsächlich ausgeschlossen? Müssten dann nicht alle lesbischen und schwulen Paare von ihrer Beziehung begeistert sein? Und was ist mit den Menschen, die sich weder als Frau noch als Mann betrachten? Wie sind dann die glücklichen Partnerschaften zwischen Männern und Frauen zu erklären?

Es scheint komplizierter bzw. einfacher zu sein, je nachdem, wie man es betrachtet.

Etliche WissenschaftlerInnen, die zum Thema Geschlechtsunterschiede forschen, versichern uns, dass – statistisch gesehen – die Unterschiede innerhalb eines Geschlechts wesentlich größer seien als die zwischen den Geschlechtern. Die Gemeinsamkeiten zwischen Frauen und Männern seien wesentlich größer als ihre Unterschiede.

Gleichzeitig entsorgen diese ForscherInnen auch die Theorie, der zufolge die Urmänner Jagd auf Säbelzahntiger (immer die!) und Mammuts gemacht hätten, während die Urfrauen mit den Urkindern in der Höhle gesessen und Lendenschurze fabriziert hätten. Das seien alles Märchen, sagen sie. Die Arbeitsteilung sei längst nicht so strikt gewesen. Das könne man sowohl an archäologischen Funden als auch an den heute noch lebenden »Naturvölkern« studieren.

Vor allem zwei Argumente sprechen gegen alle Theorien, die das Geschlechterverhalten auf kosmologische oder biologische, genetische oder sonstige »natürliche« Ursachen zurückführen wollen:

1. Die Gehirne von Babys sind bei der Geburt nicht voll ausgereift. Etwa 90 Prozent der Verknüpfungen zwischen den Nervenzellen entwickeln sich erst nach und nach. Anders ist es bei allen anderen Lebewesen, die mit mehr oder weniger feststehenden »Programmen« geboren werden. Beachten Sie bitte diesen Unterschied.

2. Die Gehirne von Kindern und Erwachsenen entwickeln sich nutzungsabhängig. Sie passen sich in hohem Maße ihrer Umgebung an. Deshalb lernen beispielsweise japanische Kinder die japanische und italienische die italienische Sprache.

Damit ist eigentlich alles gesagt. Menschen kommen weder als Rambo noch als Lillifee auf die Welt. Sie entwickeln ihre Gehirne je nachdem, was sie tagtäglich tun, welche Areale sie benutzen und welche sie verkümmern lassen.

Nicht zu unterschätzen sind die gesellschaftlichen Prägungen. Mädchen, die glauben, Mathe und Physik seien Domänen von Jungs und weibliche Genies auf diesen Gebieten würden als Jungfrauen sterben, zermartern sich ergebnislos die Gehirne bei binomischen Formeln oder Interferenzerscheinungen.

Zur selben Zeit absolvieren in Nordschweden junge Frauen diese Fächer mit besseren Ergebnissen als ihre männlichen Mitschüler, weil sie vor allem so die Chance auf einen Job in einer südlicheren Großstadt haben. Die jungen Männer werden im Fischfang oder in der Forstwirtschaft gebraucht und lassen daher die nordschwedischen »Mädchenfächer« Mathe und Physik links liegen.

Wenn man 150 Jahre zurückdenkt, galt es noch als gottgegeben, dass Frauen am besten in der Küche und im Kinderzimmer aufgehoben seien, während die Männer »hinaus ins feindliche Leben« mussten. Und was ist heute davon übrig geblieben? Zum Glück hat sich in der Rollenverteilung einiges verändert.

Die selbsterfüllende Prophezeiung spielt bei den Geschlechterrollen ebenfalls eine enorme Rolle. Geht eine

Frau davon aus, sie könne nicht einparken, sei für technische Fächer ungeeignet und Männer würden sie nicht verstehen, wird sie mit hoher Wahrscheinlichkeit genau diese Erfahrungen machen.

Es ist wie beim freien Willen: Geht man davon aus, diesen zu besitzen, wird man genau das in seinem Leben erfahren und umgekehrt.

Und wenn Eltern und Verwandte dem kleinen Mädchen immer die Puppe und dem kleinen Jungen das Spielzeugauto in die Hand drücken, ist es eigentlich kein Wunder, wenn sich entsprechende Vorlieben bilden. Wobei gegen Vorlieben gar nichts einzuwenden ist, vorausgesetzt jede/r darf sie eigenständig entwickeln.

An den Genen oder an den unterschiedlichen Gehirnen liegt es jedenfalls nicht, wenn Paare sich nicht einig werden können. Eher stellt sich eine andere Frage: Sind die Frauen von heute vielleicht nur ein Problem für Männer von gestern?

Gegensätze ziehen sich an

Männer und Frauen passen nicht zusammen, aber Gegensätze ziehen sich an. Irgendwie logisch. So wie »Morgenstund' hat Gold im Mund«, aber »Spinne am Morgen bringt Kummer und Sorgen.

»Wir sind völlig unterschiedlich, und es ist wunderbar«, behaupten manche. Aber vielleicht sind die Unterschiede gar nicht so groß. Oder sie ergänzen sich mehr, als dass sie stören. Wer viel Toleranz mitbringt, hat bestimmt Chancen, dass das mit den Gegensätzen funktioniert. Aber wer hat die schon?

Kennen Sie den Song von »Lady Sunshine und Mister Moon«?

Die beiden sind voneinander angetan, aber leider tritt sie immer dann auf die Bildfläche, wenn er gerade verschwindet und umgekehrt. Mit anderen Worten: Sie können zueinander nicht kommen. So ist es manchmal, wenn Liebespaare zu gegensätzlich sind.

Was zuerst noch den Reiz des Exotischen haben mag, wird von vielen nach einiger Zeit nur noch als nervig empfunden. Der Frühaufsteher beklagt sich über die Nachteule, die Extrovertierte über den Einzelgänger, der Bodenständige über die Liebhaberin des Außergewöhnlichen, die Disziplinierte über den Chaoten und jeweils umgekehrt.

Vermutlich hat ohnehin nur ein Zufall dazu geführt, dass die beiden Gegensätze sich überhaupt über den Weg gelaufen sind. Ausnahmsweise hat es den Frühaufsteher mal nachts in eine Bar verschlagen, und schon ist es passiert. Normalerweise fängt er spätestens um zehn Uhr abends das Gähnen an. Also genau zu der Zeit, in der die Nachteule so langsam Betriebstemperatur erreicht. Der Einzelgänger hat sich auf eine Party verirrt und dabei die Disco-Queen getroffen. Die Liebhaberin des Extravaganten begegnete ihrem bodenständigen Freund im Baumarkt, als sie Leisten für Bilderrahmen und er eine Bohrmaschine suchte. Die überaus disziplinierte Psychologin dachte, es sei eine gute Idee, sich ihren chronisch unordentlichen Partner als Therapie gegen ihren zwanghaften Ordnungssinn zu verschreiben.

Wenn die Übereinstimmung im Übrigen besonders groß ist, kann das gutgehen. Das Gegensätzliche wird dann in Kauf genommen. Zur echten Anziehung führt es jedoch nicht.

Einige versuchen, Ihren Partner gleich nach dem Honeymoon in ein Umerziehungsprogramm zu stecken, frei nach dem Motto: Was nicht passt, wird passend gemacht. Denn eigentlich müsste doch jeder vernünftige Mensch einsehen, dass der eigene Lebensstil der einzig wahre und sinnvolle ist, oder? Wir wünschen viel Spaß dabei.

Die Geschichte mit der offenen Zahnpastatube wäre bestimmt nicht so berühmt geworden, wenn es den allermeisten Menschen nicht so schwer fiele, auch nur klitzekleine Abweichungen vom eigenen Verhalten zu tolerieren (Wir empfehlen übrigens in diesem Fall, sich zwei getrennte Tuben anzuschaffen.)

Übrigens erfreut sich das Antäuschen in der Kennenlernphase ganz zu Unrecht großer Beliebtheit. Da wird die bohemehafte Chaotin plötzlich zur superorganisierten Donna Perfecta und der Couchpotatoe-Mann, der an der Fernbedienung festgewachsen schien, auf einmal zum Tango- und Theaterfan, um die neue Liebe bloß nicht zu verschrecken. Wenn das auf Dauer nur nicht so wahnsinnig anstrengend wäre!

Hier ist der Vorwurf: »Du bist nicht mehr die/der, die/den ich kennengelernt habe« vorprogrammiert, sobald Frau oder Mann wieder in ihren Ausgangsmodus zurückschalten.

Ähnliches kann bei Fernbeziehungen passieren. Wenn sie in Hongkong und er in Massachusetts lebt, sind zwar die Treffen alle paar Monate ein großes Fest, aber ob es zum Zusammenleben in Düsseldorf reichen wird? Zumindest werden die beiden sich erstmals wirklich kennenlernen und dann sehen müssen, ob sie im Alltag zueinander passen.

Wie gesagt: Wenn die gegenseitige Toleranz sehr groß ist, kann das mit den Gegensätzen klappen. Sonst lässt man besser die Finger davon.

Die Liebe trifft einen wie der Blitz

Früher glaubten die Menschen, dass der Donnergott es bei Gewitter auf sie abgesehen habe. Wer von einem seiner Blitze erwischt wurde, hatte Pech gehabt. Aber dann wurde der Blitzableiter erfunden. Der Donnergott hatte ausgedient. Wie Blitze wirklich entstehen und man sich vor ihnen wirksam schützen kann, war nun bekannt.

Ähnlich verhielt es sich mit Gott Amor, diesem niedlichen nackten Engelchen mit den goldenen Pfeilen. Zack, schon war man von seinem Liebespfeil getroffen und hilflos der Person hörig, die man gerade angesehen hatte. Aber dann wurde die Kognitive Verhaltenstherapie erfunden.

Spaß beiseite: Da wir fühlen, wie wir denken, haben in Wirklichkeit unsere Gedanken – die uns allerdings häufig nicht bewusst sind – und nicht irgendwelche goldenen Pfeile das Verliebtsein ausgelöst.

»Das ist ja ein absoluter Traumtyp. Mir werden die Knie weich, wenn der noch mal rüberguckt«, »Diese Frau ist der Hammer, mir bleibt die Luft weg«. Das sind Beispiele dafür, wie wir denken müssen, damit es »klick« macht.

Und wir können nichts dagegen tun? Doch schon, wenn wir zum Beispiel gerade mit unserem/r Angetrauten unterwegs sind, kriegen wir uns meistens relativ schnell wieder ein. Ebenso regulieren wir unsere Begeisterung runter, falls eine hocheilige Terminsache zu erledigen ist oder die »Hammer-Frau« sich als die neue Chefin herausstellt.

Zu diesem Zweck haben wir ein Stirnhirn bekommen, das es uns möglich macht, uns nicht umgehend – ohne Rücksicht auf Verluste – auf die Dinge oder Personen zu stürzen, die wir begehren. Das ist eine tolle Sache, die uns von den Affen und allen anderen Tieren unterscheidet. Deren Einsichtsfähigkeit ist deutlich reduziert (so wie bei uns, wenn wir das Großhirn nicht einschalten).

Diese Fähigkeit hat jedoch auch einen gravierenden Nachteil: Wir haben keine Ausrede mehr, wenn wir eine gebrauchen könnten. Wir können nicht mehr ernsthaft behaupten: »Als ich dieses superscharfe Wesen erblickt habe, konnte ich nicht anders.« Es hilft nichts, wir müssen zugeben: »Natürlich hätte ich anders denken, fühlen und handeln können. Aber es schien mir damals eine gute Idee, Jennifer/Oliver zu heiraten«.

Bewusstheit zu entwickeln ist eine Aufgabe, die Jahre, wenn nicht ein ganzes Leben dauern kann. Aber man wird mit der Zeit immer besser darin, wenn man übt.

Die kognitiven Fähigkeiten zu stärken läuft genauso ab wie der Muskelaufbau. Einmal im Leben ein Sportstudio zu besuchen reicht leider nicht aus. Denn was man nicht mehr benutzt, verliert man wieder.

Es wäre doch jammerschade, ein so großartiges Geschenk wie unser Stirnhirn sozusagen unausgepackt in der Ecke stehen zu lassen oder es hastig auszupacken, ein paar Mal damit herumzuspielen, um es dann im Regal zu vergessen.

Mit anderen Worten: Liebe macht nicht blind. Vielleicht macht wirkliche Liebe sogar eher sehend, entsprechend des biblischen Ausdrucks »den anderen erkennen«, der so viel mehr bedeutet als (nur) Sex zu machen.

Herz und Schmerz

Wer kennt das nicht! Das reimt sich doch so schön. Trotzdem hat das eine mit dem anderen nichts zu tun. Im Gegenteil, wie Chuck Spezzano treffend formuliert: »Wenn es verletzt, ist es keine Liebe.«

Allerdings befindet man sich in bester Gesellschaft, wenn man bei Herz automatisch an Schmerz denkt. Wir brauchen nur das Radio einzuschalten, einen Film zu gucken oder den neuesten hochgelobten Roman aufzuschlagen – schon fliegt es einem um die Ohren: »Du brichst mir das Herz«, »Ich liebe dich, ich brauche dich«, »Nicht mit dir und nicht ohne dich«.

Wir erfahren von Dramen, in denen die Femme fatale den hilflosen Studienrat ruiniert, der schneidige Offizier die höhere Tochter entehrt und zwei Menschen, die sich angeblich lieben, mit Kanonen aufeinander schießen. Mindestens verlieren sich einstige Geliebte erst aus den Augen und dann aus den Herzen. Und sollte doch einmal ein glückliches Paar auf der Bildfläche erscheinen, wird es garantiert von einer Horde Psychopathen überfallen.

Wie konnte es dazu kommen, dass sich eine dermaßen falsche Auffassung von Liebe durchgesetzt hat?

Schauen wir uns die Situation eines Neugeborenen an. Es ist von seinen Eltern vollständig abhängig. Wenn sich weder diese noch andere Erwachsene um das kleine

Würmchen kümmern, stirbt es. Entsprechend groß ist seine Panik, wenn es sich verlassen glaubt. Es schreit dann mühelos ganze Häuserblocks zusammen. Grundlage ist die Verknüpfung: »Mama/Papa ist weg = Ich werde sterben.«

Wird das Baby größer und wächst zu einem Teenager und anschließend zu einem Erwachsenen heran, gilt diese Verknüpfung nicht mehr. Der reife Mensch kann für sich selbst sorgen. Oft hat die emotionale Entwicklung jedoch nicht mit dem körperlichen Wachstum Schritt gehalten. Viele fühlen sich immer noch – jedenfalls hin und wieder – wie ein verlassenes Kleinkind. Und ganz besonders tun sie dies, wenn ihr aktueller Lieblingsmensch nicht so will wie sie oder gar eine Trennung im Raum steht.

Solange wir uns nicht davon überzeugen, dass wir von anderen unabhängig sind und vollständig für uns selbst sorgen können, stecken wir in dieser Situation fest, die nicht mehr zu uns passt. Sehen wir uns in dieser abhängigen Liebe, kommt es uns wie eine Katastrophe vor, falls der Mensch, dem wir unser Herz geschenkt haben, uns ablehnt oder uns nicht das geben will, was wir von ihm haben wollen.

»Ich kann nur glücklich sein, wenn du …«: Das ist die Grundannahme aller, die sich emotional abhängig machen (beachten Sie die Wortwahl: »machen«, nicht »sind«!). Damit wird Gelassenheit in der Liebe unmöglich. Selbst wenn die angehimmelte Person stets das tut, was wir wünschen, nagen die Zweifel und Ängste am Herzen der/des Abhängigen. »Wird er/sie auch morgen meine Wünsche erfüllen?«, »Wer garantiert mir, dass er/sie immer für mich da sein wird?«, denn »Wenn er/sie mich verlässt, bin ich verloren!«

Wer so denkt, hat sich seine Privathölle geschaffen.

Mit seinem Fordern und Klammern vertreibt er sogar die wohlmeinendsten und zugewandtesten Menschen; denn wer möchte in einem Gefängnis leben, selbst wenn es vergoldet wäre?

Was kann hier die Lösung sein?

Machen Sie sich Ihre Gedanken bewusst. Ersetzen Sie jeden »Klammeraffen-Gedanken« durch einen, mit dem Sie die Verantwortung für Ihr Glück selbst übernehmen, statt diese einer anderen Person aufzubürden.

Überzeugen Sie sich davon, dass Sie sehr gut für sich selbst sorgen können und dass Ihre Selbstliebe Sie nie verlassen wird. Üben Sie Selbstliebe genauso intensiv, wie Sie sich vorher damit beschäftigt haben, zu überlegen, wer was unbedingt für Sie tun muss, damit es Ihnen gutgeht.

Sie können dabei nur gewinnen.

Die Liebe heilt alles

Hier haben wir sozusagen die Kehrseite von Herz gleich Schmerz. In diesem Fall tut die Liebe nicht weh, sondern macht angeblich alles gut, aber natürlich nur, wenn es die echte, wahre, bedingungslose Liebe ist.

Wofür muss die Liebe nicht alles herhalten! Mal soll sie Schmerzen verursachen – also nimm dich in Acht vor ihr –, dann wieder wird sie als Wundermittel gepriesen – also her damit! Ist sie vielleicht weder das eine noch das andere?

Schauen wir uns zum Beispiel John Lennon an, der immer wieder die Liebe schwärmerisch besang (»All you need is love«, »Love is the answer«), offenbar einen ziemlichen Mutterkomplex hatte und sogar seine Frau »Mother« nannte. Anders sieht das Aaron Beck, der Begründer der Kognitiven Therapie, der ein Buch mit dem Titel »Liebe ist nie genug« geschrieben hat.

Bei diesem Mythos, der die Liebe als Erlösung ansieht, hat offensichtlich wieder das Kleinkind seine Händchen im Spiel. Im Alter von zwei, drei Jahren haben wir alle noch geglaubt, dass die Mama oder der Papa alles können: Bauchschmerzen wegzaubern, Teddys materialisieren und Wackelpudding erschaffen. Mama und Papa haben uns von einem Ort zum anderen gebeamt, wenn wir irgendwo unterwegs eingeschlafen waren und doch in unserem vertrauten Bettchen wieder aufgewacht sind. Und sie waren Herrscher über die Wunderkammer mit den Schokocrossies, den Gummibärchen und den Fruchtzwergen.

Bis wir eines Tages plötzlich nicht mehr an den Weihnachtsmann und den Osterhasen glauben konnten und gemerkt haben, wie viele Dinge Mama oder Papa gar nicht so gut können. Die magische Phase war vorbei, was irgendwie schade ist. Deshalb lebt sie im Mythos der alles heilenden Liebe weiter.

Dabei brauchen wir diese heilende Liebe gar nicht, um glücklich zu sein. Im Gegenteil, es ist viel entspannender, zu wissen, dass nichts und niemand perfekt sein muss, wir vieles aber trotzdem erreichen können, allein oder Hand in Hand mit unserem Lieblingsmenschen.

»Erlöse dich selbst!«, möchte man den Menschen zurufen, die dem Liebe-heilt-alles-Mythos anhängen, dann brauchst du keine andere Person mit Gott gleichzusetzen.

Sie wird sowieso nur früher oder später unter der Wucht deiner hohen Erwartungen zusammenbrechen.

Ohne solche Heilserwartungen darf jeder von uns ganz normal sein: mit einem Fleck auf dem Hemd, Falten im Gesicht und so neben der Spur, wie man an einigen Tagen eben ist. Ist das nicht viel besser?

2. Typische Denkfehler, die Liebe betreffend

Neben den großen Mythen über die Liebe gibt es noch eine Reihe weiterer Denkfehler, die in verschiedenen Zusammenhängen auftauchen können. Sechs davon stellen wir als Nächstes vor. In der Liebe führen sie zu unnötigen Missverständnissen und stehen so dem gelassenen Lieben entgegen.

Ich will das gar nicht bewerten

Vielen Menschen fällt es schwer, nicht allem und jedem gegenüber Noten zu verteilen.

Oft geht das gleich morgens beim Aufwachen los: »Mist, es regnet. Dabei wollte ich doch Sonnenschein haben.« Beim Frühstück geht es weiter: »Warum sind meine Lieblings-Frühstücksflocken schon wieder aufgebraucht. Was ist das für ein Tagesanfang?«

Der Blick in den Spiegel ergibt eine Drei minus. Die überfüllte Straßenbahn eine Fünf, die hübsche Assistentin der Geschäftsleitung erreicht eine Zwei, während das Kantinenessen nur mit mangelhaft benotet werden kann.

An sich bedeutet Bewerten nur, das eine dem anderen vorzuziehen. Das macht Sinn und ist per se kein Problem. Jedenfalls dann nicht, solange wir bereit sind, unsere Vorlieben nicht absolut zu setzen. Erwarten wir jedoch, dass die Dinge immer und überall nach unserer Vorstellung geschehen, spielen wir ein Spiel, bei dem wir nur verlieren können.

Um dem etwas entgegenzusetzen, raten einige dazu, Bewertungen insgesamt zu unterlassen und die Dinge ausschließlich wahrzunehmen, ohne sie zu beurteilen. Was als Achtsamkeitsübung bei einem Meditationswochenende sinnvoll sein mag, funktioniert im Alltag nicht, weil hier Entscheidungen getroffen werden müssen. Man kommt nicht umhin, das eine dem anderen vorzuziehen, also zu bewerten.

In der Partnerschaft führt die Maxime »Ich darf den anderen nie bewerten« zu seltsamen Verrenkungen: »Du möchtest also allein in Urlaub fahren? Ich will das jetzt gar nicht bewerten, aber bei Lehmanns hat so etwas zur Trennung geführt.« Wenn das keine versteckte Kritik ist!

Dabei können Meinungsverschiedenheiten und Interessengegensätze eine Beziehung durchaus beleben und müssen nicht in destruktiver Kritik münden. Dazu mehr im Kapitel »Streiten will gekonnt sein«.

An dieser Stelle nur so viel: Stehen Sie dazu, dass Sie Ihren Partner bewerten. Sie finden sein Verhalten, seine Meinung, sein Aussehen und alles andere entweder gut, schlecht oder es ist ihnen herzlich egal.

Dreimal darfst du raten

Ratgeber, die uns befähigen wollen, anderen in den Kopf und ins Herz zu blicken, haben Hochkonjunktur. Da viele Menschen sich nicht freiwillig an einen Lügendetektor anschließen lassen würden, sollen solche Methoden eine diskretere Möglichkeit bieten, jede/n zu durchschauen.

Ist das nicht verrückt? Viele gäben alles dafür, zu erfahren, was andere Menschen denken, anstatt erst einmal herauszufinden, was ihnen selbst durch den Kopf geht und wie stark ihr eigenes Denken ihre Welt bestimmt.

Wenn man ehrlich wäre, müsste man zugeben, dass einem die Beweggründe der Mitmenschen oft ein Buch mit sieben Siegeln sind. Oft wird behauptet, Frauen seien undurchschaubar, aber für Männer gilt das nicht weniger.

Die Überzeugung – gerade in einer längeren Partnerschaft –, den anderen in- und auswendig zu kennen, kann nicht selten Folgen haben wie bei Markus und Lea: Als Lea von der Arbeit nach Hause kommt, sitzt Markus schon auf dem Sofa. Lea findet, er sehe missmutig aus, und führt das auf ihren Streit beim Frühstück zurück. Sie denkt: »Himmel, er ist wie eine Mimose, so was von nachtragend. Ich hatte unseren kleinen Krach schon fast vergessen.« Lea hat keine Lust auf Markus' Launen und zieht sich gleich in ihr Zimmer zurück, um mit ihrer besten Freundin zu telefonieren.

Markus seinerseits glaubt auch zu wissen, warum Lea ihn kaum angesehen hat und gleich wieder verschwunden ist. Er nimmt an, sie sei noch immer sauer auf ihn. Neben seinen Zahnschmerzen, die ihm die Laune verhageln, hat er jetzt noch ein weiteres Problem.

Eigentlich wäre es viel besser gewesen, wenn Lea Markus gefragt hätte, was los sei, und er ihr von seinen Zahnschmerzen erzählt hätte. So wäre beiden klar geworden, dass außer Markus' Zahnfüllung alles in Ordnung ist.

Die Überzeugung, genau über seine Mitmenschen Bescheid zu wissen, ihre Gedanken, Absichten und Stimmungen lesen zu können, führt regelmäßig zu Missverständnissen. Die Forderung, die PartnerIn möge einem sämtliche Wünsche von den Augen ablesen, lässt man lieber im Katalog der unerfüllbaren Sehnsüchte.

Als Experiment mag das noch Spaß machen. Fragen Sie sich doch heute Abend mal gegenseitig nach Ihren größten Träumen und vergleichen Sie die Ergebnisse mit Ihren Vermutungen! Das könnte interessant werden. Ansonsten ist das Spiel »Dreimal darfst du raten« eher mühselig. Es ähnelt dem Versuch, sein Ziel zu erreichen, indem man in die entgegengesetzte Richtung läuft.

Haben Sie auch schon Dialoge wie den folgenden geführt?

Maja: »Schatz, was willst du am Wochenende unternehmen?« (Insgeheim hofft sie, dass Peter vorschlägt, an die Ostsee zu fahren.)

Peter: »Hmm, ich sollte mich endlich mal um unseren Keller kümmern, oder?« (Insgeheim erwartet er Lob für seinen Vorschlag.)

Maja: »Boah, wie öde!« (Zeigt sich mittelschwer genervt.)

Peter: »Du liegst mir doch wegen des Kellers schon monatelang in den Ohren.« (Er reagiert ebenso genervt.)

Maja: »Manfred und Elise fahren an die See!« (In einem schnippischen Ton)

Peter: »Diese Angeber! Manfred imponiert dir, oder?« (Da scheint jemand eifersüchtig zu sein)

Maja: »Du bist ein elender Langweiler!« (Sie ist kurz vor dem Platzen)

Peter: »Dann heirate doch Manfred!« (Er knallt die Tür hinter sich zu)

Maja denkt: »Peter versteht mich einfach nicht!«

Ersparen Sie sich das und teilen Sie Ihrem Lieblingsmenschen am besten gleich mit, was sie möchten.

Dramen, die keine sind

Was steht der Gelassenheit in der Liebe am meisten entgegen?

Warum werden so viele Ehen mit den besten Absichten geschlossen und enden dann doch unsanft vor dem Scheidungsrichter? Woran liegt es, dass wir eigentlich Spaß miteinander haben wollen und am Ende nur noch streiten?

Oft scheitern Beziehungen nicht an den großen Dingen, den unüberwindbaren Hindernissen, den unvereinbaren Wünschen, sondern am tagtäglichen Kleinkram. Genauer gesagt wird Nebensächliches aufgebauscht, viel zu wichtig genommen und führt zu Streitereien.

Die Kette der Denkfehler, die dabei am Werk ist, könnte man so formulieren: Es muss alles wie am Schnürchen laufen. Wenn das nicht der Fall ist, ist das schrecklich. So kann ich nicht glücklich werden. Warum tut er/sie mir das an?

Eine mögliche andere Variante: Der/die andere sollte mit mir vollständig übereinstimmen. Sonst ist es furchtbar. Ich kann es nicht aushalten, wenn wir unterschiedliche Vorstellungen von der Kindererziehung, vom Zusammenleben und überhaupt von der Welt haben.

Schauen wir uns die Hitliste der häufigsten Streitthemen an:

Ordnung, Aufteilung der Hausarbeit, zu wenig Zeit füreinander, der Fahrstil beim Autofahren, wofür Geld ausgegeben wird, der/die PartnerIn hört nicht richtig zu, Kindererziehung, Umgang mit den Schwiegereltern und den übrigen Verwandten.

Können Sie sich noch an die fünf letzten Streitigkeiten mit Ihrer PartnerIn erinnern? Wenn nicht, ging es definitiv um Kleinigkeiten! Wenn ja, worüber haben Sie gestritten? Hat es sich »gelohnt«? Haben Sie eine Lösung für Ihre Meinungsverschiedenheit gefunden? Konnten Sie die Position Ihrer PartnerIn akzeptieren?

Immer dann, wenn Sie oder Ihr Partner Wörter wie furchtbar, schrecklich, Katastrophe, ganz schlimm, grauenhaft verwenden, liegt die Vermutung nahe, dass Sie dramatisieren. In Wirklichkeit ist es keine Katastrophe, wenn Ihre PartnerIn vergessen hat, den Balsamicoessig einzukaufen, oder wenn Sie sich über die Häufigkeit von Verwandtenbesuchen uneins sind.

Wie häufig klagen Paare übereinander? Wie häufig sprechen sie mit Dritten darüber, was sie alles an ihrer Partnerin stört, was er alles wieder getan oder gelassen hat, was so nicht sein sollte?

Und andererseits: Wie oft äußern sich Männer oder Frauen über ihren Lieblingsmenschen begeistert, darüber, was so toll wie am ersten Tag ist, wie froh sie sind, gerade mit dieser Person zusammen sein zu dürfen?

Der Weg in die Paarhölle ist mit Gemecker und Genörgel gepflastert, im schlimmsten Fall sogar mit gegenseitiger Verachtung.

Allzu oft sieht man nur das, was nicht stimmt, und nimmt für selbstverständlich, was richtig gut läuft. Wie wäre es, wenn Sie Ihrer PartnerIn öfter mal deutlich machen: Ich weiß, was ich an dir habe!

Nicht so voreilig, Liebling

Den folgenden Denkfehler könnte man auf den Slogan verkürzen: Das wird alles noch böse enden! Es geht mit anderen Worten um Prognosen, die wir mit der tiefschwarzen Brille auf der Nase abgeben.

In den besten Beziehungen gibt es Schwierigkeiten, also Dinge, die man nur schwer akzeptieren und noch weniger lieben kann. Beispielsweise handelt der Partner/die Partnerin vielleicht nicht so zielstrebig, wie man sich das wünschen würde. Jetzt zu denken »So wird das doch alles nichts. Wenn er/sie etwas erreichen will, muss da mehr Zug hinter sein« wäre eine vorschnelle, negative Bewertung. Vielleicht hat der Partner einfach noch nicht das wahre Ziel für sich entdeckt, das ihn/sie voll motivieren würde.

Es kann sein, dass gerade ein wenig Flaute bei einem Paar herrscht, das sich eigentlich herzlich zugetan ist. Viele langjährige Beziehungen durchlaufen verschiedene Phasen, die nicht alle bunt und funkelnd sein müssen. Vielleicht ist beruflich gerade bei einem oder beiden nicht alles im Lot, das Kind hat ein größeres Problem, ein Elternteil ist pflegebedürftig geworden, im Bett läuft es momentan nicht rund.

Der größte Fehler wäre, zu denken, jetzt seien die schönen Zeiten vorbei und alles (dieses Wort deutet fast immer auf eine irrationale Verallgemeinerung hin) gehe den Bach runter. Zuträglicher für mehr Gelassenheit in der Liebe wäre die pragmatische Haltung: Das wird schon wieder! (und sich natürlich dafür ins Zeug zu legen).

Fragen Sie ruhig mal ältere Paare in Ihrem Freundes- und Bekanntenkreis, ob diese solche Flauten kennen und wie sie sie überstanden haben. Welche Strategien waren hilfreich? Hat das zeitweise Auseinanderdriften vielleicht sogar etwas Positives bewirkt?

Am wichtigsten ist, zu überlegen, wie Sie wieder frischen Wind unter die Segel bekommen und die Angelegenheit nicht durch schwarze Gedanken schlimmer machen, als sie ist.

In welche Schublade passt du am besten?

Ein klares Feindbild strukturiert den Tag, spottet der Kabarettist Volker Pispers. Wir leben mehr oder weniger mit Vorurteilen, ohne uns dessen bewusst zu sein. Unsere PartnerIn nehmen wir davon nicht aus. Auch sie/ihn stecken wir ab und zu in eine Schublade, manchmal sogar für immer. Das tut der Beziehung nicht unbedingt gut.

Der Denkfehler, um den es hier geht, ist das Etikettieren. Hat man der PartnerIn erst einmal ein solches symbolisches Klebeschildchen verliehen, geht dieses nicht so schnell wieder ab (Sie kennen das sicherlich von den fiesen Aufklebern, die bei neu gekauften Waren unsere Gelassenheit auf eine harte Probe stellen).

So ein Etikett ist für beide Beteiligten nachteilig: sowohl für den, der klebt, als auch für den, der es aufgeklebt bekommt. Es mindert ganz empfindlich unseren Möglichkeitssinn. Ist der andere als faul, mürrisch, ungeschickt, uncharmant oder unordentlich abgestempelt, glauben wir nicht mehr daran, dass er sich in Zukunft ändern wird. Das ist schlecht, weil wir unser eigenes Verhalten danach einrichten und der andere es so noch schwerer hat, aus seiner Rolle herauszukommen.

Das Schubladendenken an sich ist höchst fragwürdig. Es mag zwar sein, dass unsere PartnerIn bestimmte Verhaltensweisen bevorzugt, aber meist gibt es Ausnahmen davon. Fast jeder Faule ist auch mal fleißig. Unordentliche haben häufig bestimmte Bereiche, in denen sie erstaunlich gut aufräumen.

Indem wir dem anderen ein bestimmtes Schildchen verpassen, besteht die Gefahr, dass er es irgendwann akzeptiert. Glaubt er selbst an das entsprechende Etikett, macht er kaum noch einen Versuch, sich und anderen das Gegenteil zu beweisen. Derjenige, der etikettiert, misst seine vorgefasste Meinung ohnehin nicht mehr an der Realität, weil er einen Tunnelblick entwickelt hat.

Eine häufig vorkommende Etikettierung bei Paaren ist folgende: »Du bist wie deine Mutter/dein Vater!« Mit Sicherheit trifft dies in Gänze nicht zu. Davon abgesehen, hilft diese Festlegung in der Regel nicht, die vorhandenen Probleme zu lösen.

Haben Sie von dem Pygmalion-Effekt gehört? Bei einem Experiment wurden bestimmte SchülerInnen ihren LehrerInnen für das kommende Schuljahr als sehr Erfolg versprechend vorgestellt. Tatsächlich hatte diese Einschätzung mit den wirklichen Leistungen der SchülerInnen nichts zu tun. Aber was war ein Jahr später passiert? Die SchülerInnen hatten sich in der Tat nachweisbar verbessert. Nicht in diesem Experiment, aber in der Praxis geht es nicht selten in die umgekehrte Richtung. SchülerInnen, die als leistungsschwach gelten, werden weniger beachtet und »bestätigen« dann das über sie verhängte Urteil.

Passen Sie auf, dass Ihnen das nicht in Ihrer Partnerschaft passiert. Verteilen Sie keine Etiketten und lassen Sie sich keine aufdrücken. Wir alle fahren wesentlich besser damit, uns und anderen zuzugestehen, sich ändern zu können.

Am besten überprüfen wir unsere Einschätzungen von Zeit zu Zeit selbst. Vielleicht stellen wir auch fest, dass andere unsere PartnerIn keineswegs als ______________ (bitte Lieblingsvorwurf einsetzen) betrachten.

Eine amüsante Variante, Etikettierungen auszuhebeln, hat sich der Gründungsvater der Rational-Emotiven Verhaltenstherapie, Albert Ellis, ausgedacht. Er schlug vor, alle Sätze, die ein »ist«, »sind«, »bist« und so weiter enthalten, durch die entsprechende Form von »scheinen« oder eine ähnliche Wortwahl zu ersetzen. (Die Idee geht auf den Linguisten Alfred Korzybski zurück.)

Probieren Sie es einmal aus. Statt über jemanden, zum Beispiel Ihren Partner, zu denken: »Er ist ein Egoist«, ändern Sie den Gedanken um in: »Er scheint egoistisch zu sein«. Damit lassen Sie die Möglichkeit offen, dass Sie sich ganz oder teilweise irren. Und Ihre Selbsteinschätzung »Ich bin einfach ungeschickt« verwandeln Sie in »Hin und wieder verhalte ich mich ungeschickt«.

Sie werden erleben, dass dies viel mehr als eine Wortklauberei ist.

Absolutismus in Liebesbeziehungen

»L'état, c'est moi« (Der Staat bin ich) soll der sogenannte Sonnenkönig Ludwig XIV. (1638–1715) gesagt haben. »Träum' weiter«, möchte man ihm bei so viel Grandiosität zurufen. Gut siebzig Jahre nach seinem Tod entschieden sich die Franzosen und Französinnen jedenfalls für eine Revolution.

Wer wäre nicht gern (jedenfalls hin und wieder) HerrscherIn im eigenen Reich, auch wenn es sich dabei nur um die Kleinfamilie handelt? Aber sparen wir uns solche Anwandlungen lieber für gelegentliche Tagträume, denn sonst führen sie auch in der Liebe zu Aufruhr und Umsturz, mit anderen Worten: zum Ende der Beziehung.

Wie viele Paare haben sich schon getrennt, weil eine Seite (oder gar beide) ernsthaft den Anspruch erhoben hat: »Hier läuft alles so, wie ich es will. Alles tanzt nach meiner Pfeife. Du musst dies, sollst das und darfst jenes nicht.«

Der Psychologe und Eheforscher John M. Gottman hat in seinem Liebeslabor, in dem er jahrzehntelang Paare bei ihren Auseinandersetzungen beobachtet hat, vor allem Männer als anfällig für absolutistische Impulse ausgemacht. Liegt das daran, dass Männern – anders als Frauen – ein gebieterisches Verhalten so lange zugestanden wurde? Möglicherweise wurde es geradezu von ihnen erwartet, frei nach dem Motto: Jetzt zeig mal, dass du ein

Mann bist! Es fehlten wohl aufgeklärtere Menschen, die über solche Herrschaftsallüren nur lachen konnten.

Absolutismus in Liebesbeziehungen hat nie wirklich funktioniert. Heute ist er ein absolutes Don't. Sich jemand anderen untertan machen zu wollen stammt aus vordemokratischen Zeiten. Das große »MÜSSEN« wirkt sich in einer Beziehung auf allen Ebenen negativ aus.

Sogar absolute Forderungen, die wir an uns selbst richten, sind geeignet, uns unglücklich zu machen: »Ich muss immer stark sein«, »Mir darf nie etwas danebengehen«, »Eine Frau mit 40 muss wissen, was sie will«, »Wenn ich ein Mann wäre, dürfte ich mir so etwas nicht gefallen lassen«. Kennen Sie diese Formulierungen? Spüren Sie den Druck, der von solchen irrationalen Glaubenssätzen ausgeht?

Dann atmen Sie jetzt bitte einmal tief durch und überlegen Sie sich danach ein paar Sätze, die Ihr Muss-Denken entspannen, zum Beispiel: »Ich würde es vorziehen, wenn Max mehr aufräumen würde, aber mein Glück hängt davon nicht ab«, »Ich bin nicht perfekt, und Tine muss es auch nicht sein. Wir sind zwei Menschen mit Fehlern, die sich lieben.«

Auch sämtliche Vorschriften, wie eine gute Partnerschaft zu sein habe: »Wer sich liebt, der muss …«, »In einer guten Ehe sollte …«, »In einer glücklichen Beziehung darf keiner …« sind kontraproduktiv. Lassen Sie Ihre Beziehung nicht von anderen definieren. Sie und Ihre PartnerIn legen gemeinsam fest, was für Ihre Verbindung gelten soll. Niemand sonst! »Liebe ist …«, was Sie beide für sich bestimmen.

3. Lebensthema trifft Partner

Welcher Beziehungstyp sind Sie?

Es ist nicht ganz einfach, andere Menschen zu begreifen. Die allergrößte Aufgabe scheint es jedoch zu sein, uns selbst zu erkennen. Was das betrifft, haben wir häufig ein Brett vor dem Kopf. Das ist nicht verwunderlich, schließlich sind wir ja seit unserer Geburt mit uns zusammen. Da ist eine gewisse Betriebsblindheit verständlich. »Wie auch sonst«, denken wir bei allem, was wir tun. Erst wenn es uns gelingt, uns ein Stück von außen zu betrachten und für möglich zu halten, dass nicht alles, was uns richtig scheint, der Weisheit letzter Schluss sein muss, beginnen wir, zu reifen Menschen zu werden.

Bei dieser Selbsterkenntnis, aber auch beim Verständnis für unsere/n PartnerIn kann das Enneagramm wertvolle Dienste leisten. Es ist eine uralte Lehre, von der niemand ganz genau weiß, wer sie erfunden hat.

Das Enneagramm ist auf jeden Fall eine hochinteressante, hilfreiche Typenlehre, die uns persönlich und im Coaching schon viele Erkenntnisse beschert hat. Aufpassen sollte man nur, dass man mit dieser nützlichen Konstruktion mehr spielerisch als todernst umgeht, um nicht in die Etikettierungsfalle (siehe oben) zu tappen. Es geht um Erkenntnis und nicht um Schubladendenken.

Das Enneagramm teilt Menschen in neun verschiedene Typen ein. Uns gefällt an diesem System besonders, dass es weniger stark als andere wertet. So werden die verschiedenen Charaktere einfach durchnummeriert, sprich, es wird von Einsen, Zweien und so weiter gesprochen. Jeder Typ weist Stärken und Schwächen auf. Selbstverständlich findet man auch Züge der anderen Charaktere in sich. Jeder besitzt die Eigenschaften sämtlicher neun Typen, neigt jedoch eindeutig zu bestimmten Gewohnheiten.

Im Folgenden stellen wir Ihnen die neun Enneagramm-Typen vor. Wahrscheinlich geht es Ihnen wie uns, wenn Sie zum ersten Mal davon lesen. Man hat eine Menge zu lachen und ebenso viele Aha-Erlebnisse. Mit dem Enneagramm kann man seine Lieblingslaster ausmachen und den roten Faden in seinem Leben genauer erkennen. Darüber hinaus erfährt man, was einem besonders guttun würde und in welche Richtung man sich bewegen könnte, um sein Leben erfüllter zu machen.

Eine Gewohnheit im Denken und Handeln ist zuallererst etwas, in dem man sich zu Hause fühlt. Gewohnheit kommt von wohnen. Ungünstig wird es nur, wenn man aus seinem »Gedankengebäude« nicht mehr herausfindet, selbst wenn man es möchte.

Die neun verschiedenen Arten, die Welt zu sehen, die sich in den Enneagramm-Typen widerspiegeln, waren einfach frühe Reaktionen auf das Leben, wie man es vorgefunden hat. Man hat im Laufe der Zeit Einstellungen entwickelt, mit denen man in der Umgebung, in die man hineingeboren wurde, am besten zurechtgekommen ist.

Aber schauen Sie selbst.

Perfektionismus

Einsen sind IdealistInnen.

Sie streben nach Vollkommenheit. Sie wissen, was gut und was böse ist. Es geht ihnen um Wahrheit, Gerechtigkeit und moralische Integrität. Einsen merken sofort, was nicht stimmt. Gut eingesetzt, kann diese Fähigkeit enorm nützlich sein.

Einsen erkennt man an ihrem Verantwortungs- und Pflichtbewusstsein. Wer zu jeder Verabredung auf die Minute pünktlich ist, muss eine Eins sein. Im Kleiderschrank der Eins sind die Stücke fein säuberlich zusammengelegt und nach Farben geordnet.

Aber Sie kennen ja auch die Redewendung »allzu viel ist ungesund«. Mit anderen Worten, die Einsen können bei ihrer Suche nach Vollkommenheit manchmal ganz schön übertreiben. Dann werden sie zu Rechthabern, Nörglerinnen, Ordnungsfanatikern und den ZeitgenossInnen, die einem die Freude an allem verderben wollen. Denn – man weiß ja – nichts und niemand ist perfekt. Bei allem und jedem gibt es etwas auszusetzen, und die, die hier ihre Stimme erheben, sind meist Einsen.

Wenn Einsen nicht reformiert sind, kann sich mit ihren Vorstellungen, wie der Partner/die Partnerin zu sein habe, ein friedliches Zusammenleben schwierig gestalten. Denn es bleibt selbstverständlich nicht bei bloßen Vorstellungen. Die Eins unternimmt pausenlos »Verbesserungsversuche«.

Herr K., den Sie vielleicht aus den Kalendergeschichten von Bertolt Brecht kennen, muss eine Eins gewesen sein. Er wird so geschildert: »Wenn Herr K. einen Menschen liebte, machte er einen Entwurf und sah, dass er ihm ähnlich wurde. Wer, der Entwurf? Nein, der Mensch.«

Einsen können zwar begnadete LehrerInnen sein, allerdings sind ihre Verteilung von Noten und die vielen Anmerkungen, wo sich die andere Person noch den letzten Schliff geben könnte, nicht gerade zuträglich für die Liebe.

Auch Überzeugungen, wie Paare aufzutreten haben, machen der Eins zu schaffen. Es fällt ihr schwer, zu begreifen, dass es ganz unterschiedliche Ansichten zu allem gibt und die eigene nicht die allein selig machende ist. Es ist eine schwierige Aufgabe für sie, die Dinge einfach mal laufen zu lassen.

Wahrscheinlich ist der Eins als Kind vermittelt worden, sie sei nur dann liebenswert, wenn sie perfekt sei. Das hat im schlimmsten Fall dazu geführt, dass Einsen eine Neigung haben, ihre innersten Impulse zu verbergen.

Die Reaktion der Eins auf diese Selbstentfremdung ist Zorn. Einsen geben ihre Wut jedoch niemals zu, obwohl diese ihre Antriebsfeder ist.

Wenn Einsen es schaffen, ihre Aggressivität konstruktiv zu nutzen und lernen, über sich selbst zu lachen, können sie jedoch ausgesprochen angenehme PartnerInnen sein.

Ich rette dich
Zweien sind HelferInnen.

Kaum benötigt irgendwo jemand Unterstützung, sind sie zur Stelle. Sie sind warmherzig und einfühlsam, vor allem anderen gegenüber. Sich selbst können sie dabei leicht aus den Augen verlieren.

Unbewusste Zweien machen sich durch ihre große Sehnsucht, gebraucht zu werden, von anderen abhängig. Sie sind diejenigen, die »Hier« rufen, wenn es Aufgaben zu verteilen gibt, obwohl sie manches Mal selbst am Limit angelangt sind. Am liebsten versuchen sie, andere an sich zu binden, indem sie sich unentbehrlich machen. Als

Kind haben Zweien erfahren, dass sie nützlich sein müssen, um gesehen und geliebt zu werden.

Da Zweien ständig darauf achten, ob ihnen auch genug Wertschätzung entgegengebracht und ihre Opferbereitschaft anerkannt wird, ist es für sie eine lohnende Aufgabe, unabhängig von der Bewertung anderer zu handeln. Sie können deshalb vom ABC der Gefühle enorm profitieren, indem sie begreifen, dass sie die ersehnte Dankbarkeit von ihren Mitmenschen nicht brauchen, um glücklich zu sein, sondern sich selbst Liebe geben können.

Wenn Zweien das gelingt, sind sie nicht mehr in Versuchung, anderen irgendwann die »Rechnung« für ihre liebevolle Zuwendung auszustellen.

Die große Sehnsucht der Zweien, gebraucht zu werden, verstellt ihnen häufig die Wahrnehmung eigener Bedürfnisse. Sie geben anderen das, was sie selbst gern hätten, und merken nicht, dass ihre Mitmenschen vielleicht ganz andere Wünsche haben.

Zweien sind leicht in Gefahr, sich quasi zu Heiligen zu stilisieren.

Menschen mit Helfersyndrom sind Zweien. Sie harren auch dann noch aus, wenn alle anderen bereits aufgegeben haben. Die Frau, die ihren schwer alkoholabhängigen Mann dabei unterstützt, nach außen hin noch ein halbwegs geordnetes Leben aufrechtzuerhalten, ist in eine typische Falle der Zwei getappt. Dahinter steht ihre Angst, dass ein weniger bedürftiger Partner sich von ihr trennen würde, weil er nicht auf sie angewiesen wäre.

Die Aufgabe von Zweien ist es, Nein zu sagen, weniger besitzergreifend zu sein und für sich selbst zu sorgen; denn das ist ihr großes Problem: Sie vernachlässigt ihre eigenen

Bedürfnisse. Sie liebt sich nicht, sondern erhofft sich, durch ihre aufopfernde Hilfsbereitschaft von den anderen geliebt zu werden.

Gesunde Zweien sind ein Segen für andere, weil sie großzügig, hilfsbereit und zugewandt sind. Sie haben einen guten Radar für Stimmungen und bemerken kleinste Signale anderer.

Der andere als Prestigeobjekt
Dreien sind Menschen der Tat.

Sie sind erfolgs- und leistungsorientiert. Dreien haben Führungsqualitäten. Sie wissen, was zu tun ist, wer sich für welche Aufgabe am besten eignet und wie andere zu motivieren sind.

Für ihre Firma geben Dreien alles, aber nicht so selbstlos wie die Zweien, sondern um des eigenen Aufstiegs willen. Oft fällt es ihnen schwer, ein Leben neben der Arbeit aufzubauen. Sie sind die typischen Workaholics.

Dreien wollen in allem erfolgreich sein und andere übertrumpfen. Sie befinden sich im ständigen Konkurrenzkampf.

Als Kind wurde ihnen vermittelt, dass sie nur dann geliebt werden, wenn sie besondere Leistungen vorweisen können.

Die Schattenseite dieser Erfolgsmenschen ist, dass sie kaum wissen, was ihnen wirklich wichtig ist, weil sie alles tun, was prestigeträchtig ist, egal ob sie wirklich dahinterstehen. Sie haben Schwierigkeiten, ihre Gefühle wahrzunehmen. Deshalb fehlt ihnen der innere Kompass. Sie sind von außen gelenkt.

In der Partnerschaft können sie sich schwer öffnen, weil sie befürchten, dass ihre strahlende Fassade dann Risse bekäme. Ebenso wie sie selbst es darauf anlegen, bewundert zu werden, suchen sie ihre/n PartnerIn nach deren Außenwirkung aus. Für sie kommen nur äußerlich attraktive Menschen infrage, die etwas »darstellen«. Auf diese Weise übersehen sie leicht ihre wirklichen Seelengefährten.

Unbewusste Dreien schrecken auch vor Lügen nicht zurück, um ihr Image des Siegers aufrechtzuerhalten. Das ist ihr Dilemma: um des Erfolgs willen sogar ihren Ruf aufs Spiel zu setzen.

So selbstbewusst Dreien auf andere wirken mögen, tatsächlich fürchten sie nichts mehr, als von anderen erkannt zu werden; denn dabei kämen ihre schwachen Seiten ans Licht. Gleichzeitig sehnen sie sich danach, um ihrer selbst willen und nicht wegen ihrer Leistungen geliebt zu werden.

Die Lebensaufgabe von Dreien besteht darin, die Fassade abzulegen, mehr Tiefgang zu wagen und Dinge um ihrer selbst willen und nicht wegen eines Lobes zu machen. Nichtstun, was wenig prestigeträchtig ist, scheint für sie ebenso wohltuend wie schwierig zu sein.

Wenn es Dreien gelingt, sich mit allen ihren Eigenschaften, also auch mit ihren eingebildeten und wirklichen Schwächen, liebevoll anzunehmen, können sie viel Gutes für sich und andere bewirken.

Niemand versteht mich

Vieren sind Künstlernaturen.

Sie lieben alles Schöne und Besondere und haben ein untrügliches Gespür für die richtige Inszenierung. Ihr Glaubensbekenntnis lautet, bloß nicht gewöhnlich zu sein.

Sie sind stolz auf ihre Gefühlstiefe und Sensibilität und schweben immer ein wenig über dem Erdboden.

Ihnen ist wichtig, aufzufallen und sich von der Masse abzuheben. Als Kind haben sie oft eine Verlusterfahrung gemacht, sei es, dass ein geliebter Mensch gestorben ist oder er sich von ihnen abgewendet hat. Seitdem ist ihre Sehnsucht unstillbar, dass doch noch einmal alles gut werden könnte mit der einen großen Liebe. Letztlich kann aber nichts Reales dem Vergleich mit der überbordenden Fantasie der Vieren standhalten.

In einer Partnerschaft sind Vieren deswegen oft hin und her gerissen zwischen ihrem Verlangen nach der geliebten Person und ihrer Ernüchterung, wenn sie endlich erhört werden; denn für unbewusste Vieren ist das Unerreichbare am attraktivsten.

Auch Neid ist Vieren nicht fremd. Da ihr Selbstwertgefühl angeschlagen ist, befürchten sie ständig, es könnten KonkurrentInnen auf der Bildfläche erscheinen, die schöner, interessanter und noch außergewöhnlicher sind als sie selbst.

Die böse Königin in dem Märchen »Schneewittchen« muss eine Vier gewesen sein, weil sie dauernd ihren Spiegel befragte, ob sie auch tatsächlich noch immer »die Schönste im ganzen Land« sei.

Der Ausdruck »himmelhoch jauchzend und zu Tode betrübt« beschreibt die seelische Verfassung der Vier sehr plastisch. Die gesunde Mitte ist ihr zu normal. Der Vier sind ihre melancholischen Phasen sogar noch lieber, als sich den in ihren Augen billigen Vergnügungen hinzugeben, die gewöhnliche Sterbliche schätzen.

Die Lebensaufgabe einer Vier ist es daher, die Vernunft schätzen zu lernen, ihre Gefühle nicht zu ernst zu nehmen und mehr Ausgeglichenheit anzustreben, anstatt diese mit Unbedarftheit zu verwechseln.

Wenn es PartnerInnen einer Vier gelingt, die kreativen Höhenflüge und die besondere Sensitivität der Vier zu genießen, und sich andererseits vom Wechselbad der Gefühle nicht mitreißen zu lassen, kann das Zusammenleben für beide sehr erfreulich sein. Langweilig wird es garantiert nicht.

Hilfe, ich habe einen Eremiten geheiratet
Fünfen sind BewohnerInnen des Elfenbeinturms.

Sie wollen alles ganz genau wissen und erforschen, merken sich noch die kleinsten Details und können sehr gut zuhören. Die Tat ist nicht ihre Sache. Sie benötigen immer noch mehr Informationen, bevor sie auch nur auf die Idee kommen, zu handeln. Warum etwas tun, wenn es so viel Spaß macht, Wissen anzusammeln? Fünfen sind am liebsten Beobachter und ungern Akteure.

Oft spüren Fünfen eine innere Leere, die sie mit allem Möglichen auszufüllen suchen. Ideen, Wissen, aber auch Gegenstände: Fünfen sammeln im Prinzip alles. Sie horten, aber sie teilen nicht gern, weder materiell noch geistig oder emotional.

In einer Partnerschaft können Fünfen leicht distanziert und kühl wirken. Dabei sind sie durchaus empfindsam. Es fällt ihnen jedoch schwer, ihre Gefühle zu äußern. Während viele Menschen erfreut reagieren, wenn jemand fragt: »Was hast du erlebt? Wie hast du dich dabei gefühlt?«, wird eine Fünf bei diesen Worten erschrocken zusammenzucken.

Alles Extrovertierte ist Fünfen zuwider. Sie haben Strategien entwickelt, unauffällig zu sein und zu bleiben. Kommt ihnen jemand – ihrer Meinung nach – zu nahe, ziehen sie sich sofort in ihr Schneckenhaus zurück. Fünfen brauchen am meisten von allen Enneagramm-Typen einen Platz für sich allein, wo sie ungestört sind und sich vom Trubel der Welt erholen können.

Distanzierung ist für unbewusste Fünfen gleichbedeutend mit der Weigerung, sich auf irgendetwas einzulassen. Bewusste Fünfen können von dieser Fähigkeit profitieren; denn sie sind in der Lage, auch in emotional aufgeladenen Situationen einen klaren Kopf zu behalten.

Wenn es Fünfen gelingt, ihr Wissen und ihre guten Ideen anderen zugänglich zu machen und nicht immer dann, wenn es konkret wird, die Flucht zu ergreifen, können sie ihre Gaben voll entfalten und sich endlich zugehörig und angenommen fühlen.

Ich hab's ja gewusst

Das Thema der Sechsen ist Sicherheit.

Was kann nicht alles passieren! Überall lauern Gefahren. Sechsen versuchen dem zu begegnen, indem sie sich einem unfehlbaren System unterwerfen, das ihnen sagt, was sie zu tun und zu lassen haben. Hierarchien, Regeln, Recht und Ordnung beruhigen die Ängste von Sechsen wenigstens oberflächlich.

Wobei nicht alle Sechsen auf den ersten Blick Angsthasen sein müssen. Sie können auch die entgegengesetzte Richtung einschlagen und todesmutig da voranschreiten, wo andere den Rückwärtsgang einlegen. Solche Sechsen wirken stark, hart und bedrohlich. Man kommt dann überhaupt nicht auf die Idee, dass sie von Angst getrieben sein könnten.

In Partnerschaften ist ihre unabdingbare Treue die positive Seite der Sechs. Haben Sechsen sich einmal für jemanden entschieden – natürlich erst, nachdem sie die Person auf Herz und Nieren geprüft haben –, stehen sie loyal an der Seite ihrer Auserwählten.

Da Sechsen Pessimisten sind, verlieren sie allerdings nie vollständig ihr Misstrauen anderen gegenüber. Ihre blühende Fantasie macht es ihnen schwer, tatsächliche Risiken von eingebildeten zu unterscheiden. Manchmal unterstellen Sechsen anderen dann Dinge, die aus der Luft gegriffen sind.

Lob können Sechsen nur schwer annehmen. Sie befürchten, andere wollten sie damit nur umgarnen.

Sechsen fällt es schwer, sich eine eigene Meinung zu bilden.

Deshalb sind sie von autoritären Systemen leicht zu missbrauchen. Ihre Aufgabe besteht darin, Verantwortung für sich selbst und ihre Gefühle zu übernehmen.

Bewusste Sechsen können durch ihren Gefahrenradar nützlich sein, indem sie drohendes Unheil vor den meisten anderen bemerken. Außerdem können sie ihre Mitmenschen durch ihre Zuverlässigkeit und Treue beeindrucken.

Wenn Sechsen es schaffen, zu vertrauen, sich ihre Ängste einzugestehen und diese nicht zu ernst zu nehmen, kommen ihre Fähigkeiten voll zur Geltung.

Du bist eine Spaßbremse
Siebenen sind die ewigen Kinder.

Sie sind optimistisch, genießen das Leben und sind immer für Späße zu haben. Wo eine Sieben auftaucht, gibt es etwas zu lachen. Bei allem, was ihnen begegnet, finden sie das Gute.

Minimalismus ist Siebenen fremd. Mae West mit ihrem Ausspruch: »Zu viel von etwas Gutem kann wunderbar sein«, war bestimmt eine Sieben. Da Siebenen überall Freude und Vergnügen suchen, können sie gar nicht genug von schönen Dingen, lustigen Erlebnissen, leckeren Speisen und Getränken und von interessanten Menschen bekommen. Würde man einer Sieben Unmäßigkeit vorwerfen, käme als Erwiderung: »Du bist eine Spaßbremse!«

Siebenen lieben es, zu reden. Sie haben immer etwas zu erzählen und nehmen es – für eine gute Pointe – mit der Wahrheit nicht immer genau.

Problematisch wird es für eine Sieben, sobald Schwierigkeiten auftauchen, die sich nicht einfach weglächeln lassen. Siebenen vermeiden Schmerz, eigenen und fremden. Sie erinnern an Clowns, die mit ihren verrückten Einfällen andere unterhalten, ihre traurige Seite aber vor ihren Mitmenschen glauben verbergen zu müssen.

Auf die Frage: »Na, wie geht's?«, antwortet eine Sieben: »Prächtig!«, auch wenn ihr gerade der Boden unter den Füßen weggezogen wird. Dabei würde es ihr guttun, jemanden zu haben, bei dem sie sich auch mit ihren negativen Gefühlen angenommen weiß.

Siebenen sind sehr begeisterungsfähig, verlieren allerdings auch schnell wieder das Interesse an Menschen, Projekten und Dingen, besonders wenn sich erste Probleme zeigen und Durststrecken zu überwinden wären.

Das gilt natürlich auch für ihre Partnerschaften. Was am meisten Spaß verspricht und die wenigsten Probleme, scheint ihnen am attraktivsten. Sie wissen meist selbst, dass sie ein wenig oberflächlich sind, aber anstatt sich damit auseinanderzusetzen, beschäftigen sie sich lieber gleich mit dem nächsten Spielzeug.

Siebenen können nur dann rundum glücklich werden, wenn sie sich auch ihren dunklen Seiten stellen und erkennen, dass Schmerz zum Leben dazugehört. Wenn ihnen das gelingt, können sie sich wirklich einlassen und müssen nicht mehr vor allem Komplizierten fliehen. Dann hat ihr Optimismus nichts Aufgesetztes mehr, und ihre Lebensfreude wirkt nicht mehr übertrieben und künstlich.

Hier ist nur Platz für einen
Das Thema der Achten ist Macht.

Auf die Idee, dass auch andere etwas zu sagen haben könnten, kommen Achten nicht so leicht. Sie haben die Sache bereits für sich entschieden.

Achten haben ein gutes Gespür für Gerechtigkeit und Wahrheit. Sie lassen gerne die Luft aus vermeintlichen Autoritäten heraus und fürchten keinerlei Konfrontation. Wer sich mit einer Acht anlegt, muss sich warm anziehen.

Den Respekt von Achten kann man sich nur erwerben, wenn man ebenso furchtlos ist wie sie.

Achten haben meist früh die Erfahrung gemacht, dass es Schwäche um alles in der Welt zu vermeiden gilt. Nur wenn sie stark, mutig und aggressiv waren, kamen sie in ihrer Umgebung weiter.

In einer Partnerschaft fällt es einer Acht schwer, zu begreifen, dass Kompromisse nötig sind und die Frage: Sieg oder Niederlage? in der Liebe nicht weiterführt. Da Achten ihre schwachen Seiten verbergen, ist es für ihre PartnerInnen meist aussichtslos, den Panzer aus Härte und vermeintlicher Unverwundbarkeit knacken zu wollen.

Ebenso bedingungslos, wie viele Achten sich für alles Kleine und Hilfsbedürftige einsetzen, kämpfen sie gegen alle, die sie als Gegner empfinden.

Achten machen Kontakt über Konfrontation und verschrecken auf diese Weise häufig Menschen, die an solchem Schlagabtausch keine Freude haben. Sie fühlen sich im Streit durchaus wohl und testen dabei die Härte ihres Gegenübers.

Nicht selten machen sie die Erfahrung, dass andere wegen ihrer Raubeinigkeit auf Dauer nichts mit ihnen zu tun haben wollen. Dann ziehen sie sich gerne auf die Rolle des einsamen Wolfs zurück. Was nicht heißen soll, dass nicht auch Frauen Achten sein können. »Die hat Haare auf den Zähnen« ist eine Reaktion, die solche durchaus als Kompliment empfinden.

Bewusste Achten sind ehrliche und mutige Führungspersönlichkeiten, die andere begeistern und dazu motivieren, alles zu geben, so wie sie es selbst auch tun. Mit ihrem Sinn für Gerechtigkeit und ihrer Bereitschaft, sich für Schwache und Schutzlose einzusetzen, können sie viel Gutes bewirken.

In einer guten Ehe gibt es keinen Streit

Neunen sind Träumer.

Sie haben unendlich viele Ideen, und ihre Fantasie lässt sie selten im Stich. Die Umsetzung ist jedoch nicht so ihr Ding.

Neunen sind harmoniebedürftig und lieben Frieden über alles. Sie können alles verstehen und alles verzeihen. Wenn ihnen andere Menschen ihre Sicht der Dinge mitteilen, stimmen sie möglichst zu. Kennen Sie die Geschichte von den beiden Kontrahenten, die eine dritte Person um Rat fragen, wer von ihnen denn nun recht habe? Erst gibt sie dem Ersten recht, dann, als dieser protestiert, dem Zweiten. Als ein Zuschauer meint, es könnten doch nicht beide recht haben, sagt sie zu ihm: »Da hast du auch recht.« Diese Person muss eine Neun gewesen sein.

Der Nachteil dieser Haltung ist, dass Neunen oft selbst nicht wissen, was sie wirklich wollen. Es fällt ihnen schwer, Wesentliches von Unwesentlichem zu unterscheiden. Sie interessieren sich für vieles und probieren etliches einmal aus. Nur festlegen möchten sie sich nicht.

Initiative darf man von Neunen in der Regel nicht erwarten. Oft sind sie zu bequem, um Dinge in Angriff zu nehmen, oder sie sind einfach zu unentschlossen. Sie lieben ihre Ruhe und haben Angst, die falsche Entscheidung zu treffen; denn das könnte einen Konflikt bedeuten.

Dabei sind Neunen überaus begabt und fähig. Leider vermeiden sie es oft, ihre guten Eigenschaften einzubringen. In solchen Fällen ist es nützlich, wenn sie Personen an ihrer Seite haben, die ihnen den Einsatz ihrer Fähigkeiten förmlich abverlangen. Dann handeln sie lieber, als sich mit dem anderen anzulegen.

Das Zusammenleben mit einer Neun ist sehr angenehm, weil sie so freundlich und friedlich sind und ein sicheres Gespür für die Bedürfnisse ihrer Mitmenschen haben. Es liegt ihnen fern, jemanden ständig zu bewerten oder gar zu verurteilen.

Deshalb fällt es schwer, bei Neunen die unterschwellige Wut zu bemerken. Sie ist ihnen meist selbst nicht bewusst. Wenn es irgendwie geht, ziehen sie es vor, Probleme auszusitzen. Ihre Scheu vor Konflikten erschwert die in einer Partnerschaft notwendigen Auseinandersetzungen. Neunen müssen erst lernen, dass Streit und Liebe miteinander vereinbar sind.

Wenn Neunen sich entschließen würden, ihre friedensstiftende und versöhnliche Art aktiv zu leben, könnte dies die Harmonie und Toleranz in Beziehungen und Gemeinschaften sehr fördern.

Wie die Gedanken zum Schicksal werden

Oft ist man allein schon deshalb frustriert, weil man nicht versteht, warum sich der Partner so verhält, wie er es tut. Diese Unzufriedenheit steigert sich noch, wenn man nicht einmal begreift, warum man selbst immer wieder gegen die eigenen Interessen handelt, obwohl man es eigentlich längst besser weiß.

Hier kann das Enneagramm für Abhilfe sorgen. Am Anfang einer Partnerschaft sind die Denk- und

Verhaltensmuster meist noch nicht so klar erkennbar, aber im Laufe der Zeit treten sie deutlich hervor. Wie geht man am besten damit um?

Das Enneagramm ist eine Typen- und Charakterlehre. In einer Beziehung treffen unweigerlich zwei Charaktere aufeinander. Wie wir gesehen haben, weisen Charaktere stets gute und schlechte Seiten auf. Es kommt darauf an, die guten zu fördern und die schlechten zu neutralisieren, sodass sie der Partnerschaft nicht schaden.

Das ist nicht leicht, aber möglich, vor allem wenn man weiß, wie Charaktere entstehen und wie man verhindert, dass sie zum Schicksal werden. Die Zusammenhänge lassen sich so zusammenfassen:

- Achte stets auf deine Gedanken, sie werden zu Handlungen.
- Achte auf deine Handlungen, sie werden zu Gewohnheiten.
- Achte auf deine Gewohnheiten, sie werden zu Charaktereigenschaften.
- Achte auf deinen Charakter, er wird dein Schicksal.

Welche Schlüsse lassen sich daraus ziehen? Der Charakter wird nicht zum Schicksal, wenn man die Gewohnheiten ändert. Die Gewohnheiten ändert man, indem man anders handelt. Neues Verhalten wird möglich, wenn man die bisherigen Gedanken infrage stellt und durch konstruktivere Ansätze ersetzt.

Damit sind wir beim zweiten Grundsatz der Kognitiven Verhaltenstherapie angekommen:

Man handelt so, wie man denkt.

Die Gedanken bestimmen die Gefühle und das Verhalten. Auf den ersten Blick mag einem das selbstverständlich vorkommen. Aber ist es das? Glauben nicht viele, ihre Gene, Hormone, ihr Sternzeichen, ihr Schicksal, ihre Umgebung, die anderen und nicht zuletzt ihre PartnerIn seien dafür verantwortlich, wie sie sich fühlen und wie sie handeln? Glauben Sie das nicht manchmal auch? Halten Sie sich nicht für bestimmte Situationen ein Hintertürchen offen und lehnen die Verantwortung für Ihre Emotionen und Ihr Handeln im entscheidenden Moment ab?

Tun Sie das bitte nicht. Sonst wird Ihr Charakter doch zum traurigen Schicksal. Das wäre völlig unnötig; denn egal zu welchem Enneagrammtyp Sie gehören: Sie können Ihre gewohnten Muster aufgeben, indem Sie Ihr Denken ändern. Nur so kommen Sie aus dieser Frustfalle heraus.

III. Liebe + Gelassenheit = Glück

Bis hierher haben Sie gelernt, wie Sie eine Menge Frustfallen umschiffen, sich und Ihre PartnerIn in den Enneagramm-Typen wiedererkennen und die emotionalen Voraussetzungen für heitere Gelassenheit entdecken können.

Welche Zutaten brauchen Sie sonst noch, um zu einer entspannten Einstellung in der Liebe zu finden?

Unverzichtbar als weitere Bestandteile sind Selbstliebe und eine tiefe Freundschaft zwischen Ihnen und Ihrem Lieblingsmenschen.

Deshalb geht es in den folgenden Abschnitten um die Frage, wie man Selbstliebe aufbaut und stärkt. Außerdem beschreiben wir die Entwicklungsstufen einer Beziehung.

1. Liebe dich selbst und heirate den Richtigen

Erkenne dich selbst

Wer am liebsten Sahnetorte isst, fühlt sich in einer Konditorei wie zu Hause. Wer Schweinekrustenbraten liebt, ist bestens in einem Landgasthof aufgehoben, während Veganer mit einem köstlichen Gemüseauflauf am glücklichsten werden.

Nur wenn man nicht weiß, was man mag und was nicht, ist man überall fehl am Platz. Deshalb lautet die grundlegende Aufgabe, die sich jedem Menschen stellt: Erkenne dich selbst!

Fragt man Menschen auf einer Party, wer sie sind, antworten die meisten mit ihrem Namen und ihrem Beruf: »Ich heiße Peter und bin Friseur« oder »Ich heiße Marie und bin Lehrerin.«

Menschen, die keinen Beruf haben oder gerade keinen ausüben, fürchten diese Frage. Sie haben den Eindruck, keine passende Auskunft über sich geben zu können. Dabei sind Namen (wie bereits Goethes Faust wusste) »Schall und Rauch«. Man könnte ergänzen, dass Berufe ebenso unwichtig sind. Wie schnell wechseln bei Menschen sowohl Tätigkeiten als auch Namen. Wie wenig sagen sie wirklich über uns als Menschen aus.

Die Aufforderung »Erkenne dich selbst« meint nicht die Fassade, sondern unser eigentliches Wesen, unsere Seele.

Sie zu entdecken ist der erste Schritt, um mit unserer SeelengefährtIn glücklich zu werden.

Nicht selten ist Menschen die Verbindung zu ihrem Innersten verloren gegangen. Schon als Kinder haben sie erfahren müssen, dass es andere wenig interessierte, welche Seele da auf die Welt gekommen war. Oder die Erwachsenen waren nicht in der Lage, ihnen zu geben, was sie gebraucht hätten.

Auch Schulen sind nicht gerade dafür bekannt, die Individualität ihrer Schutzbefohlenen zu achten und zu fördern. Selbstbestimmung wird dort – wie auch sonst im Leben – klein geschrieben. Man muss sie sich oft erst erkämpfen.

Andererseits ist kein Glück mit dem vergleichbar, seine eigenen Ziele zu verfolgen und die ureigensten Bedürfnisse zu leben. Kein Haus, kein Boot und kein Auto können einem Menschen auch nur annähernd so viel Befriedigung verschaffen.

Wie gut, dass wir serienmäßig mit einem Radar für Glück und Unglück ausgestattet wurden. Denn nur so kann jede/r den für ihn/sie richtigen Weg – auch in der Liebe – finden.

Unglücklich zu sein ist so gesehen überhaupt nichts Schlimmes, sondern nur ein dringendes Signal, einen anderen Weg einzuschlagen. Unser »Navigationsgerät« meldet sich sofort, wenn wir von unserem Glückspfad abkommen.

Sich selbst zu erkennen braucht oft Zeit. Was bei dieser Erkenntnis helfen kann, sind folgende Fragen:

- Was ist Ihnen das Wichtigste im Leben?
- Was bedeutet für Sie Liebe?
- Wann fühlen Sie sich am wohlsten?
- Was mögen Sie überhaupt nicht?
- Was waren Sie für ein Kind?
- Sind Sie der Mensch, der Sie werden wollten?
- Was wünschen Sie sich von Ihrer PartnerIn?

Und noch eines: Lassen Sie sich auf Ihrem Weg zu sich selbst nicht von irgendwelchen Hindernissen aufhalten, beispielsweise von Menschen, die Ihnen vorwerfen, Sie seien egoistisch. Wahrscheinlich sind Ihre KritikerInnen nur auf den eigenen Vorteil bedacht. Oscar Wilde war sich in diesem Punkt sicher: »Egoismus besteht nicht darin, dass man sein Leben nach seinen Wünschen lebt, sondern darin, dass man von anderen verlangt, nach seinen Wünschen zu leben.«

Das Einmaleins der Selbstliebe

Jemand, der sich selbst nicht liebt, kann auch sonst niemanden lieben. Schon deshalb ist Selbstliebe nicht egoistisch, sondern unverzichtbar für eine gelungene Partnerschaft. Schon in der Bibel steht das Gebot: »Liebe deinen Nächsten« nicht für sich, sondern wird ergänzt durch den Zusatz: »wie dich selbst«.

Ist Selbsterkenntnis der erste Schritt zur Selbstliebe, so heißt der zweite Schritt Verständnis und Anerkennung. Sich selbst FreundIn zu sein bedeutet, sich rundum zu akzeptieren: seinen Körper, seine Gedanken, seine Gefühle und sein Verhalten.

Zwar mag man das eine oder andere an sich selbst kritisch sehen, aber es ist, wie es ist. Die Realität gilt es erst einmal anzunehmen. Wenn man Teile von sich abwertet, bekommt die Selbstliebe Risse. Dort können Kränkungen und destruktive Kritik eindringen und sich ausbreiten. Nur wenn wir uns selbst von Grund auf heilen, können wir ein Segen für andere und die Welt sein.

Menschen, die behaupten, alles für andere zu tun und nichts für sich selbst, kennen entweder ihre wahre Motivation nicht oder sie lügen. Sogar Mutter Theresa oder der Buddha waren »selbstsüchtig« in dem, was sie taten. Es verschaffte ihnen eine tiefe Befriedigung, Menschen zu helfen. Sie haben es für sich getan und damit gleichzeitig andere gefördert.

Es wäre total bizarr, wenn überall Personen herumliefen, die total wild darauf wären, sich um das Wohl anderer zu kümmern, ihr eigenes aber vernachlässigten. Zum einen kann man sich bei der Einschätzung, was im Interesse anderer Menschen ist, mächtig täuschen. Und zum anderen wären die sich selbst vernachlässigenden »Helfer« wiederum auf andere angewiesen, die sich ihres Wohls annähmen. Da liefe doch einiges gründlich schief!

Viel vernünftiger ist es, erst einmal dafür zu sorgen, sich selbst wohlzufühlen und dann andere am eigenen Glück teilhaben zu lassen; denn wem es selbst gut geht, der findet keinen Gefallen daran, andere auszunutzen, zu übervorteilen oder leiden zu sehen. Wie viel schöner könnte die Welt sein, wenn wir uns alle von unserem Wohlbefinden leiten ließen.

Wer sich selbst liebt, ist eine ideale PartnerIn. Warum? Weil derjenige andere um ihrer selbst willen liebt und nicht aus einer Haltung der Bedürftigkeit heraus, um selbst geliebt zu werden. Glücklich sein kann ein Mensch, der Selbstliebe empfindet, auch wenn er Single ist. Er oder sie braucht die PartnerIn nicht, um wunde Punkte zu heilen, sondern um die Freude am Leben zu verdoppeln.

Indem wir uns davon überzeugen, dass wir okay sind, so wie wir sind, stärken wir unsere Selbstliebe. Wir brauchen weder perfekt zu sein noch irgendwelche Anforderungen zu erfüllen. Wir verdienen unsere Liebe in jedem Fall und müssen sie uns nicht erst verdienen.

Je mehr wir diese Haltung der Selbstakzeptanz leben, desto mehr gelingt es uns, unsere PartnerIn zu akzeptieren.

Emotionale Freiheit

Wie war noch mal das ABC der Gefühle? Wir fühlen, wie wir denken. Nicht ein Ereignis in der Außenwelt (A) ruft emotionale Konsequenzen (C) hervor, sondern unsere Bewertung (B) des Ereignisses.

Mit dieser ebenso radikalen wie revolutionären Erkenntnis halten wir den Schlüssel für unsere emotionale Selbstbestimmung in der Hand. Wie wir uns fühlen, entscheiden wir allein. Niemand anderes ist dafür verantwortlich, ob wir glücklich oder unglücklich, selbstsicher oder voller Selbstzweifel, uns selbst FreundIn oder FeindIn sind.

Die emotionale Freiheit erreichen wir allerdings nicht allein durch Erkenntnis, quasi mit einem Fingerschnippen, sondern nur durch Bewusstheit und ein lebenslanges Training. Anders ist diese große Gabe, die wir als Menschen erhalten haben, nicht zu bekommen. Sie ist sozusagen ein halb fertiges Produkt, das wir zu Ende basteln können und müssen, wenn wir es wirklich nutzen möchten.

In der Liebe bewahrt uns die emotionale Freiheit davor, dem Partner gefühlsmäßig ausgeliefert zu sein. Wir können mit dieser Fähigkeit genau verorten, woher unsere und die Emotionen unserer PartnerIn kommen und wie wir diese beeinflussen können.

An einem grauen Tag sagt beispielsweise Sven zu Nina: »Ich frage mich, ob du überhaupt die Richtige für mich bist. Vielleicht wäre es besser, wir trennen uns.« Nun liegt es allein an Nina, was sie jetzt denkt und fühlt. Sie könnte denken: »Sven hat regelmäßig diese schwarzen Tage im Herbst. Dann stellt er alles infrage. Das gibt sich wieder. Der arme Kerl. Es muss sich schlimm anfühlen für ihn.« Nina könnte aber auch überlegen: »Ja, ich habe auch schon an Trennung gedacht. Svens Idee, nach München zu ziehen, passt mir gar nicht. Wir sollten in Ruhe darüber reden.« Oder ihr geht Folgendes durch den Kopf: »Ich bin eben nicht liebenswert. Mit mir stimmt etwas nicht. Das haben schon andere Männer vor Sven gemerkt. Es ist furchtbar. Das ist wie ein Fluch, der auf mir lastet.«

Während Nina Svens Äußerung in den ersten beiden Varianten nicht persönlich nimmt, stellt sie sich in der dritten Variante komplett infrage. Es versteht sich von selbst, dass Nina im ersten Fall mit sich zufrieden ist, im zweiten gelassen bleibt und im dritten tief unglücklich wird.

Schauen wir uns ein weiteres Paar an: Susanne und Michael.

Sie sagt zu ihm: »In den letzten zehn Jahren bin ich nicht einen einzigen Tag zufrieden gewesen. Du schaffst es einfach nicht, mich glücklich zu machen.« Darauf kann Michael innerlich und äußerlich auf ganz unterschiedliche Weise reagieren.

Er könnte sich zuerst klarmachen, dass Susannes Glück nicht in seiner Verantwortung liegt. Dass er sich zwar wünscht, es ginge ihr gut, und sich auch redlich darum bemüht, aber er sie nicht glücklich machen kann, wenn sie es nicht will. Passen die Bedürfnisse der beiden einfach nicht zusammen, oder wertet Susanne Michaels Bemühungen grundsätzlich ab, ist er machtlos gegen ihre Aussage.

Möglicherweise drückt sich Susanne auch nur sehr dramatisch aus und fühlt sich im Moment einfach nicht wohl. In diesem Fall könnte Michael versuchen, mit Susanne zu reden und herauszufinden, was genau sie stört und was ihr fehlt.

So oder so behält Michael sein inneres Gleichgewicht. Susanne hat das Problem, und es ist an ihr, es zu lösen.

Je nachdem, wie Sven und Nina, Susanne und Michael über die Dinge denken, ob sie ihre emotionale Freiheit erkennen oder nicht, entwickelt sich ihre jeweilige Beziehung.

In einer Partnerschaft, in der beide ihre emotionale Freiheit nicht zu nutzen verstehen, entstehen schnell Missverständnisse. Beide Seiten bringen sich auf diese Weise in heftige Turbulenzen. So beginnt die Achterbahnfahrt der Gefühle. Mit der Gelassenheit ist es dann vorbei.

Machen dagegen beide von ihrer emotionalen Unabhängigkeit Gebrauch, heißt auch das nicht unbedingt, dass sich jede Meinungsverschiedenheit oder Entfremdung wieder einrenkt. Vielleicht kommt es sogar zu einer Trennung. Aber selbst das wird keine Seite erschüttern können, weil die Überzeugung tief genug ist, auch allein oder mit einer anderen PartnerIn glücklich werden zu können.

Drum prüfe, wer sich ewig bindet

»Wenn schon nicht für immer, dann wenigstens für ewig«, dieser schöne Plattentitel von Ulla Meinecke spricht für sich. Nach wie vor träumen viele Menschen von der lebenslangen Liebe, auch wenn es heute zum Glück nicht mehr als großes Drama angesehen wird, falls es bei der »Lebensabschnittsgemeinschaft« bleibt. Das »Ewige« dauert manchmal recht kurz.

Prüfen sollte man in jedem Fall, ob es Sinn macht, mehr als ein paar schöne Monate (oder sogar nur

Wochen oder Tage) miteinander zu verbringen. Die Zeiten, in denen Paare von den jeweiligen Familien »zusammengeführt« und nach ein paar schüchternen Blicken die Hochzeitspapiere unterzeichnet wurden, sind hierzulande vorbei.

Es braucht seine Zeit, bis aus zwei Fremden, die sich ineinander verlieben, ein richtiges Paar wird. Diese Zeit sollte man sich nehmen.

- Woran haben Sie gemerkt, dass Sie mit Ihrem Lieblingsmenschen für immer und ewig zusammen sein möchten?
- Was hat den Ausschlag gegeben?
- Was hat sie/er Besonderes, was all die anderen zuvor nicht hatten?

Man muss heute nicht mehr unbedingt heiraten. Die »wilde Ehe« (was für ein charmantes Wort!) hat keinen skandalösen Beigeschmack mehr wie in früheren Zeiten.

Auch die Frage, ob man überhaupt zusammenziehen will, darf gestellt und gegebenenfalls mit Nein beantwortet werden, ohne dass die Liebe an sich auf dem Prüfstand steht. Ein gemeinsames Zuhause auf Probe ist eine weitere Option. Sollte sich herausstellen, dass zwei getrennte Wohnungen das bessere Modell darstellen, zieht man wieder auseinander und lebt getrennt zusammen. Alles ist möglich! Sie entscheiden, was Sie möchten.

Gerade Paare, die sich im gesetzteren Lebensalter zusammentun, wissen manchmal die Freiheit zu schätzen, bei Bedarf ihre Wohnungstür hinter sich zu schließen, ohne dass der andere ebenfalls im Flur steht. Man hat sich »eingerichtet« und möchte vielleicht weder die umfangreiche Puppensammlung noch die Modelleisenbahn, die sich über zwei Räume erstreckt, abbauen.

Immer weniger Menschen erwarten heute, dass ein Liebespaar ein bestimmtes Partnerschaftsmodell lebt. Oder falls doch, darf man trotzdem überlegen, ausprobieren und so lange seine Meinung ändern, bis man das gefunden hat, was für beide am besten funktioniert.

Nutzen Sie diese Freiheit!

2. Ziemlich beste Freunde

Einige machen einen großen Unterschied zwischen Freundschaft und Liebe: FreundInnen, das sind die, mit denen man sich prächtig versteht, viel zusammen macht und durch dick und dünn geht. Liebe dagegen sei viel komplizierter. Man mag sich noch mehr, als wenn man »nur« befreundet ist, ist aber auch viel empfindlicher, wenn es Konflikte gibt; denn wenn man sich liebt, streitet man sich doch nicht, oder? Oder gerade? Streitet man besonders viel miteinander, weil man sich so sehr mag? Reichlich kompliziert, diese Liebe!

Wir sehen das völlig anders! Ja, Liebe ist mehr als Freundschaft. Aber sie sollte auch nicht weniger sein. Mit dieser Ansicht haben wir viele wissenschaftliche Studien auf unserer Seite. Die meisten Paare, die lange glücklich zusammenleben, sind zugleich die, die ihren Lieblingsmenschen als beste FreundIn ansehen.

Und was ist mit dem Sex?, hören wir jetzt einige von Ihnen rufen. Der ist an sich eine wunderschöne Sache.

Allerdings ist er ohne Freundschaft nicht abendfüllend (durchschnittliche Dauer des Geschlechtsverkehrs: circa fünfzehn Minuten). Im Grunde genommen bleibt er das, was er immer war: die herrlichste Nebensache der Welt.

Worst case: Der Feind in meinem Bett

Gehen wir die verschiedenen Stufen von Beziehungen einmal durch. Wir beginnen ganz unten: bei der Feindschaft, die sich zu Unrecht Liebe nennt. Mehr und mehr setzt sich die Erkenntnis durch, dass Gewalt in keinster Weise ein Ausdruck von Zuneigung ist, sondern ihr Gegenteil.

Galt es vor 100 Jahren und leider auch noch lange danach in Deutschland als völlig normal, dass der »Hausherr« Frau und Kinder schlug, wird es heute als das gewertet, was es ist: kriminell. Gewalt ist weder ein geeignetes Erziehungsmittel noch ein Liebesbeweis.

Aber auch unterhalb der Schwelle körperlicher Gewalt schließen sich erniedrigende Behandlung, Beleidigungen oder demütigende Äußerungen und Partnerschaft aus. Kein vernünftiger Mensch wird sich mit einer Person zusammentun, die sich feindlich gebärdet.

Wenn dies doch geschieht, so ist es nur mit masochistischen/sadistischen Persönlichkeitsanteilen erklärbar, die meist in der Kindheit durch die Verknüpfung von Liebe und Gewalt angelegt worden sind. Kleine Kinder lieben ihre Eltern, egal wie diese sie behandeln. Sie können sich weder physisch noch emotional abgrenzen und dürfen sich nicht wehren. Ihre Liebe zu den Eltern wird im schlechtesten Fall mit Brutalität erwidert. Da sie es nicht anders kennen, halten sie das für eine normale Reaktion, oft auch wenn sie selbst erwachsen sind. Eine schwere Hypothek, die neue Beziehungen durchaus belasten kann.

Glücklicherweise können misshandelte Kinder als Erwachsene umlernen und die unheilvolle Verbindung von physischer/psychischer Gewalt und Liebe auflösen. Das ist eine anspruchsvolle Aufgabe. Es gibt jedoch keine Alternative, um das Drama nicht lebenslang zu wiederholen oder von Generation zu Generation weiterzutragen.

Selbsterkenntnis ist auch hier der erste Schritt zur Veränderung. Stellt man selbstquälerische Tendenzen bei sich fest? Lässt man sich zu feindseligen Gedanken und Taten anderen gegenüber hinreißen?

Durch Gewalt und Hass ist noch niemals Liebe entstanden. Sie zeugen immer davon, dass man sich selbst und anderen kein Freund ist. So gesehen verdienen unsere Feinde – ob im Bett oder anderswo – fast schon wieder unser Mitgefühl.

Bekanntschaften

Kommen wir zu den Bekanntschaften. Sie bilden den größten Teil eines Beziehungsnetzwerks. Dazu gehören beispielsweise die VerkäuferInnen und KassiererInnen in den Läden, in denen man regelmäßig einkauft. Man kennt sich seit Jahren, manchmal sogar seit Jahrzehnten, hält ein bisschen Small Talk, fühlt sich ihnen durchaus vertraut, aber im Grunde genommen ist man sich fremd geblieben.

Ärztinnen, Lehrer, Nachbarinnen, entfernte Verwandte, Freunde von Freundinnen, Kolleginnen, Geschäftsfreunde, Vereinsmitglieder, Parteigenossinnen usw.: Sie alle bilden den großen Kreis unserer Bekannten. Man hat oder hatte mal aus bestimmten Gründen Kontakt miteinander, kennt sich vom Sehen, wechselt gelegentlich ein paar Worte. Vielleicht grüßt man sich regelmäßig auf der Straße. Kurioserweise sind nicht wenige Ehen oder Partnerschaften Verbindungen von Bekannten. Wir kennen Menschen (Bekannte!), die ihren Partner vier Wochen nach dem Kennenlernen geheiratet haben, und zwar deshalb, weil sie der Meinung waren, sie würden nie heiraten, wenn sie mehr über die Person wüssten, weil ihnen dann bereits zu viele negative Merkmale aufgefallen seien. Mit anderen Worten: Sie handeln nach der Devise »Augen zu und durch!« Kaum der Rede wert, dass sie später ständig über ihren Partner gemeckert haben.

Wir finden das schade. Über das Stadium einer Bekanntschaft und gelegentlicher sexueller Kontakte sind diese Beziehungen kaum hinausgekommen. Durchaus soll auch noch eine Art Erwerbspartnerschaft erwähnt werden, bei der das gemeinsame Vermögen vermehrt wird.

Im Kern waren etliche Ehen bis in die jüngere Vergangenheit nach diesem Modell gestrickt. Die späteren Eheleute hatten kaum Gelegenheit, sich näher kennenzulernen. Sex vor der Heirat war verpönt. Der Bauerstochter wurde vielleicht noch eine Milchkuh mitgegeben, die Aussteuer und das war's. Eine Heirat aufs Geratewohl.

Möglicherweise wurden die Betroffenen im Laufe der Zeit zu Freunden. Dann hatten sie Glück gehabt. Oft blieben sie sich fremd, wie gute Bekannte eben. Die größten Geheimnisse teilte der Ehemann, wenn überhaupt, mit seinen Freunden und die Ehefrau mit ihrer besten Freundin.

So seltsam dies auf den ersten Blick anmuten mag, aber solche »Partnerschaften« sind auch heute noch verbreitet.

Wenn einer oder beide beruflich sehr viel arbeiten, sieht man sich ein paar Minuten am Tag und am Wochenende etwas länger. Bleibt eigentlich nur der Urlaub. Aber danach lässt man sich dann scheiden, weil man merkt, dass man nicht mehr oder noch nie wirklich zusammengepasst hat. Wer zum Teufel ist diese Person neben mir? Wenn man auf diese Frage keine Antwort weiß, muss man sich eingestehen, dass von einer intimen Beziehung keine Rede (mehr) sein kann.

Trotzdem können solche Verbindungen in manchen Fällen sehr stabil sein. Sofern keiner mehr erwartet, reicht diese Stufe der Beziehung vollkommen aus. Man liebt sich nicht, aber man hat auch keinen Streit.

Und hin und wieder wird aus einer Bekanntschaft doch noch eine Freundschaft oder sogar die große Liebe. Schließlich beginnt jede echte Partnerschaft damit, dass man sich öfter über den Weg läuft und allmählich miteinander bekannt wird. Bei einigen dauert diese Phase eben ein paar Jahre. Sie wohnen schon längst zusammen, teilen Tisch und Bett – und plötzlich macht es ZOOM. Eigentlich eine rührende Entwicklung.

Freunde fürs Leben

Heiraten Sie nur jemandem, mit dem Sie sich seit mindestens einem Jahr bestens verstehen: Das wäre unser Rat an alle, die eine LebenspartnerIn suchen. Schnellschüsse, wie oben beschrieben, sind wie der Griff in die Glückstrommel. Ein Jahr lang oder über einen längeren Zeitraum kann sich niemand verstellen.

Frühestens nach einem Jahr wissen Sie, ob sie zusammenpassen, ob sie sich gut streiten können, miteinander lachen können, ob es im Bett immer noch prickelt. Sie kennen die Macken des anderen. Wenn Sie die nicht mögen, werden Sie eine schwere Zeit mit Ihrer PartnerIn haben. Und Sie kennen all ihre liebenswerten Eigenschaften, die ihnen das Herz wärmen, wenn Sie nur daran denken.

Das ist die Basis einer funktionierenden Beziehung, und die muss stimmen. Alles andere können Sie aus diesem Buch lernen. Es gibt trotz aller Liebe immer noch eine Menge Fallstricke, die Ihnen die Beziehung auf Dauer verleiden können. Einige davon kennen Sie schon. Aber wenn die Grundlage stimmt, ist alles andere ein Kinderspiel. Ohne sie ist alles nichts.

Eine Garantie, dass Ihre Partnerschaft dann ein Leben lang hält, bekommen Sie trotzdem nicht. Dazu kann im Laufe der Zeit zu viel passieren. Vielleicht wollen Sie plötzlich doch Kinder, und er/sie bleibt bei der ursprünglichen Verabredung. Dann müssten Sie sich trennen. Oder Ihre PartnerIn möchte ein paar Jahre die Welt umsegeln, und Sie haben diesen Wunsch nicht. Auch in diesem Fall könnte die Partnerschaft enden. Aber wenn die Basis gegeben ist, bleiben Sie selbst dann noch Freunde.

Mit einer tiefen Freundschaft als Basis der Beziehung können Sie nichts falsch machen. Es gibt keine unerwünschten Nebenwirkungen.

Was ist eine echte Freundschaft? Wir haben nicht die Absicht, dies hier abschließend zu definieren. Aber aus unserer Sicht gehören auf jeden Fall dazu: dass es nahezu unmöglich ist, sich zu zerstreiten, weil man sich und den anderen viel zu gern hat; dass man möchte, dass der andere glücklich ist, selbst wenn man erkennt, dass man nicht (mehr) zusammenleben will; dass es immer wieder ein Vergnügen ist, zusammen zu sein.

Uns ist klar, dass wir die Ansprüche für Freundschaft damit ziemlich hoch legen. Aber ist es nicht so, dass viele »Freunde« in Wirklichkeit eher gute Bekannte sind. Man sieht sich öfter, aber die Verbundenheit ist gering. Das sagen auch Menschen, die einen großen »Freundeskreis« haben. Genau genommen hätten sie darunter nur vier, fünf richtige Freunde.

Natürlich sind die Grenzen zwischen Bekanntschaft, Freundschaft und Liebe fließend. Aus Bekannten können Freunde, aus Freunden Liebende werden und umgekehrt. Liebe ist so gesehen nichts anderes als Freundschaft plus. Gibt es etwas, das darüber hinausgeht?

Seelengefährten

Die höchste Stufe einer Beziehung ist erreicht, wenn man seine SeelenpartnerIn gefunden hat. Was das ist, hat Bob Dylan in einem seiner Songs zum Ausdruck gebracht: »You're the other half of what I am, You're the missing piece.« Die andere Hälfte, das fehlende Teil: Das bedeutet, dass man sich einfach auf allen Ebenen wunderbar ergänzt.

Zwar mag man gleich zu Beginn einer Liebesgeschichte das Gefühl haben, sich schon lange zu kennen oder gar füreinander geschaffen zu sein, aber um wirkliche Seelengefährten zu werden, braucht es viel Zeit.

Seelen entziehen sich nämlich dem allgegenwärtigen Beschleunigungswahn und lassen Hektik nicht gelten. Da sie ewig sind, haben sie keinerlei Eile. Sie schwingen sich ganz entspannt über die Jahre und Jahrzehnte aufeinander ein.

Oft wird darüber gesprochen, wie prickelnd, aufregend und wunderschön der Anfang einer Liebe sein kann. Das ist alles wahr. Aber das tiefe Verständnis, die gewachsene Vertrautheit und das Wissen um all die großen und kleinen Puzzleteilchen, die eine Persönlichkeit ausmachen, das alles gibt es nur in langjährigen, erfüllten Beziehungen.

Es ist wie bei den Lebensaltern. Alle Altersstufen haben ihre Vorteile: das Staunen der Kindheit, die Träume der Jugend, der Tatendrang der mittleren Jahre und die Erfahrung des Alters. Von einer Dreißigjährigen erwartet vernünftigerweise niemand Weisheit. Ebenso kann eine zehnjährige Partnerschaft nicht das gegenseitige Verständnis bieten, das man bei einer 30 Jahre dauernden Liebe vorfindet. Alles hat seine Zeit, alles braucht seine Zeit.

Wer sich immer wieder in neue Liebesabenteuer stürzt, weil das Gefühl des ersten Verliebtseins so schön ist, macht im Laufe der Zeit die Erfahrung, dass dieses Muster schal zu werden beginnt. Es fehlt die Tiefe, weil keine Beziehung die Chance bekommt, sich zu entwickeln.

Manchmal steht dahinter die Angst, es könnte in der Partnerschaft langweilig werden. Diese Befürchtung ist grundlos. So wie im Leben gibt es in sich selbst und im anderen ständig etwas Neues zu entdecken. Der Prozess des Kennenlernens hört nie auf. Das setzt allerdings voraus, dass man neugierig bleibt.

Lassen Sie sich Zeit, Ihren Lieblingsmenschen zu erkunden. Diese Forschungsreise ist spannender als jede Amazonasexpedition, finden wir jedenfalls.

IV. Gelassen lieben für Fortgeschrittene

Sie kennen jetzt das ABC der Gefühle und wissen, dass Sie Ihre Emotionen durch Ihr Denken selbst hervorrufen. Sie verlangen deshalb nicht mehr, dass Ihr/e PartnerIn Sie glücklich macht, und dürfen sich mit Recht als emotional aufgeklärt bezeichnen. Damit sind Sie auf dem besten Weg ins entspannte Glück zu zweit.

Außerdem ist Ihr Sinn dafür geschärft, womit Sie bei Ihrem Charakter und dem Ihrer PartnerIn rechnen müssen. Freundschaft ist die beste Grundlage für eine lange, erfüllte Partnerschaft. Mit der Zeit können Sie und Ihre PartnerIn Seelengefährten werden. Das reicht aber nicht. Der Teufel steckt nämlich im Detail.

Gelassenheit muss sich in schwierigen Situationen bewähren. Sonst ist sie wertlos. Und gerade wenn man nicht mehr in den Flitterwochen, sondern im Alltag angekommen ist, gibt es einige Klippen zu umschiffen.

Ist Streit ein Zeichen, dass es nicht mehr richtig läuft? Meine Partnerin will plötzlich ein eigenes Zimmer haben, was nun? Mein Partner ist der liebste Mensch der Welt: Wenn nur seine Eltern nicht wären! Hilfe, ich habe einen Messie geheiratet! Gibt es das Geheimnis der glücklichen Ehe und, wenn ja, wie heißt es? Was tun, wenn man sich bei den drei »heißen« Themen Macht, Sex und Geld nicht einig werden kann?

Wir haben da ein paar Ideen.

1. Streiten will gekonnt sein

Worauf es in einer Partnerschaft wirklich ankommt

Viele haben sich den Kopf darüber zerbrochen, was eine gute Beziehung ausmacht. Ist es der Sex, bei dem das Haus bebt? Sind es gemeinsame Ziele? Ist es die Ähnlichkeit der Herkunftsfamilien? Oder ziehen sich Gegensätze an? Machen Kinder glücklich? Oder genau umgekehrt? Ist gar die traditionelle Zweisamkeit ein Auslaufmodell?

Einige Missverständnisse über die Liebe haben wir bereits widerlegt. Aber was heißt das jetzt praktisch? Worauf kommt es wirklich an? Was machen die langjährig glücklichen Paare anders als die »Dauertrenner« oder die »seriellen MonogamistInnen«?

Wir sind überzeugt: Es ist das Streiten, das verbindet. Genau genommen ist es nicht das Streiten an sich, sondern die Art und Weise, wie Paare mit ihren Interessengegensätzen und Meinungsverschiedenheiten umgehen.

Ein Streit kann der Beginn einer spannenden Entdeckungsfahrt in unbekanntes Gelände oder der Auftakt eines Vernichtungsfeldzugs sein, der nichts als verbrannte Erde hinterlässt. Sie entscheiden, wohin die Reise geht!

Gut streiten können oder die sieben Grundregeln kluger Kommunikation

Streit ist das offene Austragen einer Meinungsverschiedenheit, das nicht notwendigerweise feindselig sein muss. Also eigentlich nichts Schlimmes. Man muss es nicht einmal Diskussion oder intensives Gespräch nennen, sondern darf ruhig Streit dazu sagen.

Streiten ist normal. Wo zwei Menschen sind, gibt es Streit, nämlich Meinungsunterschiede. Keine zwei Menschen werden in allen Dingen einer Meinung sein. Dies ergibt sich allein schon daraus, dass jeder Mensch völlig unterschiedliche Erfahrungen gemacht hat.

Auch wenn Sie Ihren Lieblingsmenschen sorgsam ausgewählt haben und Ihre beiderseitige Grundhaltung ist, den anderen glücklich sehen zu wollen, kommen Sie nicht darum herum, mehr oder weniger große Gegensätze auszuhalten.

Sogar über das Streiten kann man sich streiten. Stellen Sie sich eine Frau vor, die in einer Familie aufgewachsen ist, wo jeder Konflikt unter den Teppich gekehrt wurde, und die sich vorgenommen hat, in ihrer Partnerschaft alles offen auf den Tisch zu packen. Und da ist der Mann, dessen Mutter sich mit allen und jedem in den Haaren lag und der in seiner Beziehung nichts als Harmonie herbeisehnt. Werden diese Frau und dieser Mann ein Paar, müssen sie sich erst einmal auf eine »Streitkultur« verständigen; denn sie hält ein Donnerwetter für etwas Positives, weil Reinigendes, er für etwas Negatives, das es zu vermeiden gilt.

Wir leben alle mehr oder weniger in dem Irrtum, die anderen sähen die Welt genauso wie wir, und sind dann sehr erstaunt, dass das eine Illusion ist. »Wie kann man nur?«, denkt man, andere Lebensweisen betrachtend. Wobei es ja schon einen zivilisatorischen Fortschritt darstellt, sich nur zu wundern und keine Bestrafungs- oder Vernichtungsfantasien auszuleben.

Wenn Ihnen das übertrieben erscheint, denken Sie nur an den unterschiedlichen Musikgeschmack innerhalb Ihrer Familie oder Ihres Freundeskreises. Helene Fischer oder Snoop Dogg, Mozart oder Karlheinz Stockhausen: Es ist nicht so einfach, das jeweils andere zu tolerieren, oder?

Dabei macht es keinen Sinn, sich sein Anderssein vorzuwerfen. Warum auch? Wir brauchen keine absolute Übereinstimmung, um glücklich zu sein. Der Psychologe Fritz Perls hat das so ausgedrückt:

»Ich bin ich, und du bist du.
Ich bin nicht auf der Welt, um deine Erwartungen zu erfüllen, und du bist nicht hier, um meine zu erfüllen.
Wenn wir übereinstimmen, ist das wunderbar.
Aber wenn nicht, dann ist da nichts zu machen.«
(Bei Bedarf bitte ausschneiden und über den Rasier-/Schminkspiegel hängen!)

Kompromisse sind möglich, sollten jedoch nicht »faul« sein. Weder die eine noch beide Seiten sollten ihre wesentlichen Bedürfnisse verraten. Das geht erfahrungsgemäß nicht lange gut.

Wie aber erreicht man gute Kompromisse?

Was halten Sie von folgendem Dialog?

Robin: »Nächsten Samstag ist Pokalendspiel. Ich habe zwei Freikarten gewonnen. Da gehen wir zusammen hin, ja?«

Alina: »Nee, die Karte wäre an mich ja regelrecht verschwendet. Frag' doch Jens, der ist bestimmt begeistert. Ich treffe mich dann endlich mal wieder mit Julia und gehe mit ihr in den neuen Peanuts-Film. Und danach können wir alle irgendwo zusammen was trinken gehen.«

Robin: »Gute Idee. Ich rufe Jens gleich an!«

Es hätte aber auch wie bei diesem Paar laufen können:

Tim: »Nächsten Samstag ist Pokalendspiel. Ich habe zwei Freikarten gewonnen. Da gehen wir zusammen hin, ja?«

Ayse: »Ich glaub', ich spinne. Wir wollten doch Samstag in den neuen Peanuts-Film gehen. Hast du das wieder mal vergessen?«

Tim: »Jetzt mach mal nich' so'n Wind. Nie bist du dabei, wenn mir etwas Spaß macht!«

Ayse: »Das wird ja immer besser. Du cancelst einfach unsere Verabredung und dann bin ICH auch noch schuld! DIR ist egal, was MIR wichtig ist! Du bist ein Egoist!«

Tim: Sag' mal, hast du deine Tage, oder was?«

Undsoweiterundsofort …

Erkennen Sie sich in einem der Dialoge wieder?

Wie schafft es das erste Paar, konstruktiv zu bleiben, während das zweite Paar auf dem besten Weg ist, in eine Beziehungskrise hineinzuschlittern?

Das erste Paar macht aus einer Mücke keinen Elefanten. Ja, es gab eine Verabredung. Aber da wusste er noch nichts von seinem Freikartenglück. Ja, möglicherweise hat er die Verabredung zum Kino vergessen. Aber lohnt es sich für sie, ein Drama daraus zu machen? Wie lässt sich die Situation retten? Jede/r macht, wozu er/sie am meisten Lust hat, und es besteht sogar noch die Möglichkeit, am selben Tag zusammen etwas zu unternehmen. Eigentlich sollte das kein Problem zwischen Paaren sein.

Vielleicht wäre das zweite Paar mit den sieben Grundregeln kluger Kommunikation weitergekommen. Hier sind sie:

1. Ich-Botschaften

Wenn man Ich-Sätze bildet, ist es fast unmöglich, anklagend oder herabsetzend zu sprechen. Außerdem ist man damit beim Kern der Sache: Man teilt dem anderen etwas über sich mit, indem man sagt, was man denkt und empfindet.

»Ich würde wahnsinnig gerne zu diesem Pokalendspiel gehen«, ist eine ziemlich gute Einleitung für ein Gespräch, im Gegensatz zu: »Du hast bestimmt wieder keine Lust und wirst versuchen, mir die Sache zu vermiesen.«

Leitet man die Ich-Botschaft zusätzlich mit einer ehrlich empfundenen, wertschätzenden Bemerkung ein, wird das Gesprächsklima noch besser: »Ich mag unsere gemeinsamen Kinoabende sehr, aber am Samstag würde ich wahnsinnig gerne zu diesem Pokalendspiel gehen«.

Wichtig in der klugen Kommunikation ist der Satzanfang. Die Aussage »ich finde, dass du …« ist jedoch keine Ich-Botschaft, sondern eine versteckte Du-Anklage. Bleiben Sie strikt bei sich selbst. Täuschen Sie es nicht bloß vor.

2. Sagen, was man möchte

Wie sollen wir eine Chance haben, es zu bekommen, wenn wir nicht sagen, was wir möchten? Erwarten Sie von Ihrem Partner nicht, dass er Ihre Gedanken lesen kann. Das geht fast immer schief.

Wenn wir sagen, was wir wollen, riskieren wir, dass der andere Nein sagt. Aber wenn wir nicht sagen, was wir wollen, bekommen wir es bestimmt nicht.

Manchmal sind wir uns über unsere Absichten selbst nicht klar. Oder wir verwechseln wollen mit sollen. Dann lohnt es sich, erst einmal seine wahren Wünsche herauszufinden. Die ehrlichste Äußerung gegenüber unserem Lieblingsmenschen wäre in diesem Fall: »Ich weiß überhaupt noch nicht, was ich wirklich möchte. Hilfst du mir, es herauszufinden?«

3. Sagen, warum man es möchte

Die Chance, dass unser Partner unsere Wünsche unterstützt, steigt, wenn wir ehrlich sagen, warum wir uns etwas wünschen. Wir geben dem anderen damit außerdem eine prima Gelegenheit, uns besser kennenzulernen.

Der Satz: »Ich habe Angst, auf diese Party zu gehen, weil ich dort niemanden kenne und fürchte, allein in der Ecke zu stehen«, hat viel bessere Aussichten, gehört und berücksichtigt zu werden als die vorwurfsvolle Bemerkung: »Warum willst du ausgerechnet zu den blöden Meiers auf die Party? Mit mir allein einen Abend zu verbringen ist dir wohl zu langweilig, was?«

Wenn wir dem anderen sagen, warum wir etwas möchten, hören wir auf, ihn zu manipulieren, und kommen auf den Kern einer Meinungsverschiedenheit zu sprechen.

4. **Zuhören**

Wir können uns nicht verständigen, wenn wir nicht zuhören, sondern den anderen spätestens nach drei Sätzen unterbrechen oder, wenn der andere spricht, bereits überlegen, was wir gleich antworten werden. Das klingt simpel, ist es aber nicht, sonst würde es häufiger praktiziert.

Studien behaupten, dass sich Paare häufig darüber in die Haare geraten, dass der/die andere nicht zuhört. Ausreden lassen, aufmerksam lauschen, Pause machen, nachdenken: Auch das sind Formen der Gelassenheit. Einfach mal entspannen und die Ohren wirklich aufmachen, während der andere spricht.

Am besten begreift unser Gegenüber, dass wir zuhören, wenn wir hin und wieder das Verstandene kurz wiederholen: »Du bist ziemlich sauer, dass ich unsere Verabredung vergessen habe, oder?«

5. **Akzeptanz**

Damit kommen wir zur Königinnendisziplin der Kommunikation.

Falls Sie sich über die ungewöhnliche weibliche Form dieses Begriffs ärgern, sind wir gleich beim Thema.

Es ist eine lebenslange Herausforderung, Menschen und Dinge zu akzeptieren, die anders sind als wir. Akzeptieren heißt nicht lieben. Es bedeutet nicht einmal, dass wir eine bestimmte Meinung oder Handlung gut finden.

Aber wir lassen gelten, dass jemand anders denkt, fühlt, redet und handelt als wir selbst. Wir werfen es ihm nicht als »schlechte Angewohnheit« vor, nur weil wir selbst es anders machen würden.

Falls Ihnen Akzeptanz nicht möglich scheint, versuchen Sie es mit Respekt. Damit sind wir bei der nächsten Grundregel.

6. Grenzen setzen

Niemand braucht sich Respektlosigkeit gefallen zu lassen.

Wenn Ihr Partner/Ihre Partnerin sie herabsetzt oder beleidigt, haben Sie alles Recht der Welt, Grenzen zu setzen: »Hör auf, mich eine/n VollidiotIn zu nennen. Wir reden weiter, wenn du dich beruhigt hast!«

Sie können auch mit einer Methode experimentieren, die Albert Ellis und Ted Crawford in ihrem empfehlenswerten Buch »Training der Gefühle in der Partnerschaft« vorschlagen. Die Methode heißt »Spielen wir das noch einmal«. Wenn ein Partner sich von etwas, was der andere gesagt oder getan hat, verletzt fühlt, teilt er das mit und gibt dem anderen 15 Minuten Zeit, um die Diskussion auf eine akzeptable Weise neu zu starten.

7. Eine Auszeit nehmen

Falls Sie selbst es nicht schaffen, Ihre Gefühle zu regulieren, und befürchten, damit ein konstruktives Gespräch unmöglich zu machen, gehen Sie aus der Situation heraus: »Ich bin gerade dermaßen sauer auf dich, dass ich nicht vernünftig mit dir sprechen kann. Lass uns in einer halben Stunde weiterreden, nachdem ich zweimal um den Block gejoggt bin.«

Und bedenken Sie die allerwichtigste Kommunikationsregel: Niemand kann Ihre Gefühle verletzen, Sie wütend machen, Ihre Würde beschädigen oder Ihre Herzenswünsche torpedieren, wenn Sie es nicht zulassen. Vergessen Sie – auch in einer hitzigen Diskussion – niemals Ihre innere Unabhängigkeit, sich so zu fühlen, wie Sie es möchten.

Meinungsverschiedenheiten

Stellen Sie sich einmal vor, alle wären wie Sie. Was würde das bedeuten? Die anderen sähen so aus wie Sie und hätten dasselbe Alter. Ihre Kleidung wäre uniform. Sie würden dasselbe denken, sagen und tun. Unterhaltungen könnten Sie sich sparen. Sie wüssten ja bereits, was den anderen durch den Kopf geht.

Auf der Straße begegnen Sie ausschließlich sich selbst. Egal wohin Sie reisen: Sie treffen immer nur auf sich selbst. Das Wort »Selbstbedienungsladen« bekäme eine völlig neue Bedeutung. Sie legen nicht nur die Waren selbst in den Korb. Nein, jedes Geschäft wäre ein Selbstbedienungsladen; denn auf der anderen Seite des Tresens, an jeder Kasse ständen Sie.

Wir wissen nicht, wie es Ihnen geht, aber uns ist diese Vorstellung unheimlich. Schlagartig wird einem klar, wie toll es ist, dass Menschen so verschieden sind.

Verschiedene Menschen haben verschiedene Meinungen. Sie haben einen anderen Geschmack, entwickeln andere Kulturen, Religionen, Sprachen, andere Lebensweisen. Gott sei Dank! Wie eintönig wäre sonst die Welt.

Normalerweise mag man es schon nicht, wenn einem ein anderer ständig nach dem Mund redet. Man möchte dessen eigene Meinung hören. Was man selbst denkt, weiß man schließlich. Es geht um eine andere Sichtweise.

Meinungsverschiedenheiten sind also grundsätzlich zu begrüßen. Die Frage ist nur: Wie geht man damit um? Muss man sich überhaupt Sorgen darum machen, was andere denken, sagen oder tun? Nicht unbedingt. Wenn man darauf verzichtet, sich in die Angelegenheiten des anderen einzumischen, lösen sich viele Streitigkeiten schon in Luft auf.

Im Grunde genommen geht es uns nichts an, was der Partner/die Partnerin isst, was sie anzieht, wie er sich die Haare frisiert, welche Musik sie hört, wie oft er telefoniert, ob sie ihre Eltern besucht oder nicht, wie er sein Geld ausgibt, was sie sich an die Wand hängt. Bevor Sie sich das nächste Mal über Ihre PartnerIn aufregen, fragen Sie sich bitte vorher, ob es wirklich Ihre Angelegenheit ist. Mischen Sie sich nur ein, oder sind Sie tatsächlich betroffen?

»Es geht auch anders, doch so geht es auch« (Kurt Weill, »Dreigroschenoper«, Zuhälter-Ballade). Oder lieber »Es geht auch so, doch anders geht es auch«? Man kann es wenden, wie man will. Wichtig ist nur, zu begreifen, dass es viele Möglichkeiten gibt.

Wenn man sich etwas in den Kopf gesetzt hat, kann es schwierig sein, davon wiederabzukommen. Der Plan steht. Jetzt sollen alle anderen nur noch Ja dazu sagen. Sagt Ihr/e PartnerIn Nein, haben Sie ein Problem. Dann haben Sie die Rechnung ohne die WirtIn gemacht, wie man so schön sagt. Was nun?

Nun, da es viele Möglichkeiten gibt, ist es am besten, die PartnerIn von vornherein in alle Planungen einzubeziehen. Niemand mag es, vor vollendete Tatsachen gestellt zu werden: »Du, Liebling, wir fliegen morgen nach Grönland.« Ihre PartnerIn wird kaum sagen: »Schön, dann habe ich ja noch Zeit, den Koffer zu packen.«

Treffen Sie keine einsamen Entscheidungen, legen Sie sich nicht zu früh fest und bleiben Sie offen für alle Möglichkeiten. Diskutieren Sie die verschiedenen Alternativen mit Ihrer PartnerIn, jedenfalls dann, wenn er/sie davon betroffen ist.

Mit dieser Offenheit in allen wichtigen gemeinsamen Fragen machen Sie es sich und Ihrer PartnerIn leicht, eine Einigung oder einen Kompromiss zu erzielen. Solange die Sache im Vordergrund steht, kann man eine Lösung finden, mit der beide Seiten – vielleicht nicht immer hundertprozentig, aber im Großen und Ganzen – zufrieden sind.

Aber was ist, wenn es nicht um die Sache geht, sondern um einen Machtkampf, also um die Frage: Wer hat bei uns das Sagen? Dazu kommen wir im Kapitel »Wer hat die Hosen an?«. Jetzt wollen wir erst einmal Grenzen ziehen.

Grenzen ziehen

Grenzen ziehen ist nicht nur eine Grundregel kluger Kommunikation, sondern auch ganz gegenständlich gemeint.

Wer sagt, dass ein Paar alles oder das meiste zusammen machen muss? »Die Liebe ist ein Kind der Freiheit«, heißt es doch. »Bis hierher und nicht weiter. Hier beginnt mein Revier. Bitte draußen bleiben«: Das dürfen wir auch zu unserem Liebsten sagen, ohne ein schlechtes Gewissen zu bekommen.

Vielleicht kennen Sie den Essay von Virginia Woolf: »Ein Zimmer für sich allein«. Dieser Text ist einer der

Grundlagentexte der Frauenbewegung. Woolf sieht darin ein eigenes Zimmer als Voraussetzung dafür, dass (auch) Frauen große Literatur schreiben. Die Forderung nach einem eigenen Zimmer geht aber viel weiter und betrifft ebenso Männer.

Wer entscheidet bei Ihnen, wie Ihre Wohnung oder Ihr Haus eingerichtet ist? Haben Sie beide einen ähnlichen oder einen völlig unterschiedlichen Geschmack, und wie gehen sie damit um? Können Sie allein sein, wenn Sie das Bedürfnis dazu haben, ohne die Wohnung zu verlassen? Schlafen Sie auf einer Matratze oder in getrennten Betten?

Es gab eine Zeit, da war das Ehebett eine Art Heiligtum. Der Wunsch nach getrennten Betten war gleichbedeutend mit der Scheidungsklage, mindestens zeigte er den Tod des sexuellen Begehrens an. Es war die Zeit, als Vati sich mit einer Zigarre ins Arbeitszimmer zurückzog, während Mutti in ihrem Bereich, also in der Küche, wirtschaftete. Manchmal gab es auch noch die gute Stube, die nur am Sonntag oder für Gäste geöffnet wurde. Heute können wir das alles anders machen, aber tun wir es auch?

Bleiben wir gleich bei den Betten. Ein hoch emotionales Thema, wenn man es denn dazu macht. Es lässt sich mühelos mit so brisanten Gedanken wie: »Will mich der/die andere noch?«, »Warum will er/sie nachts allein sein?« oder »Warum bin ich dann überhaupt mit ihm/ihr verheiratet?« verknüpfen.

Aber ist es nicht einfach eine Sache der jeweiligen Bedürfnisse? Das eine Paar liebt es, sich abends in Löffelchenstellung aneinander zu schmiegen und selig wegzudämmern. Ein anderes Paar geht sich gegenseitig auf den Wecker, weil mal sie, mal er in die Schnarchphase eintritt und der Gedanke des unfreiwillig Wachenden »Ich kann das nicht mehr aushalten« immer stärker wird.

Die eine liebt Frischluft, auch im eisigen Winter, während der andere deshalb eine chronische Bronchitis bekommt. Gut für den HNO-Arzt, aber nicht für die Beziehung. Wer leicht friert, braucht 24 Grad Zimmertemperatur und eine kuschelige Decke. So ist das nun mal. Derart verschiedene Naturelle nachts unter einen Hut bzw. in ein Bett zu bekommen, ist vergebliche Liebesmüh.

Wenn man sich von allen Sollte-, Muss- und Darf-nicht-Vorstellungen verabschiedet, was nur durch ein beharrliches Training gelingt, kann man tun, was man will. Man setzt sich nicht mehr unter Druck mit Sätzen wie: »Ein Paar, das sich liebt und begehrt, verbringt auch alle Nächte zusammen!« Ach, wirklich? Und was ist mit den Liebenden, die nach gutem Sex in der Küche in ihren jeweiligen Zimmern verschwinden?

»Der Wunsch nach einem eigenen Zimmer ist der Anfang vom Ende der Liebe?« Ach, ja? Und was wäre, wenn es genau umgekehrt ist?

Vielleicht kuscheln Sie sich an manchen Tagen aneinander und ertragen das Schnarchen, während Sie an anderen die Ruhe im eigenen Bett genießen. Vielleicht heben Sie die konventionelle Aufteilung in Wohn- und Schlafzimmer komplett auf und möblieren Ihr Heim in »mein Zimmer« und »dein Zimmer« um. Vielleicht wohnen Sie sogar in getrennten Wohnungen und sind sich trotzdem herzlich zugetan.

Trauen Sie sich, Ihre Wünsche über die Aufteilung der Räume offen anzusprechen. Freuen Sie sich, wenn Ihr Partner das Gleiche tut. Seien Sie kreativ und flexibel, wenn Sie unterschiedliche Wohn- und Schlafbedürfnisse haben und herausfinden wollen, was zusammen geht und was nur allein möglich ist.

Was für Ihre Liebesbeziehung gilt, bestimmen Sie und nur Sie beide. Lassen Sie sich da von keinem hereinreden (auch von uns nicht). Schließlich ist es Ihr L(i)eben.

Die Aufgaben verteilen

Hier haben wir ein weiteres mögliches Schlachtfeld. Nein, das ist viel zu dramatisch: Es ist offenbar nur ein beliebtes Streitthema.

Wann haben Sie zuletzt zu Ihrem Partner gesagt: »Soll ich denn alles allein machen, oder tust du im Haushalt auch mal was?« Wenn ja, was hat er geantwortet? Vielleicht: »Nur weil du einen Reinlichkeitsfimmel hast, muss ich doch nicht dauernd putzen. Außerdem habe ich gerade den Wagen durch die Inspektion gebracht. Zählt das etwa nicht?«

Wie können Sie es schaffen, die Aufgaben innerhalb Ihrer Beziehung so zu verteilen, dass beide zufrieden sind?

Wir erzählen Ihnen mal, wie wir das zustande gebracht haben:

Es war ein längerer Weg. Ich (R. G.), als in der Wolle gefärbte Feministin, hatte mir spätestens mit 15 geschworen, keine Hausfrau zu werden und nicht einmal für den liebsten Mann auf der Welt den Dreck wegzumachen.

Ich (T. H.), gutwillig und auf Ausgleich bedacht, aber mit einer Mutter »gesegnet«, die jede Mithilfe im Haushalt als Misstrauensvotum ansah, war entsprechend untrainiert.

Wir waren uns im Prinzip einig, das Kochen, Backen, Einkaufen und Putzen gerecht zu verteilen bzw.

gemeinsam zu erledigen. Nach einiger Zeit stellte ich (R. G.) allerdings fest, dass mein Anteil irgendwie wesentlich größer war. Ich (T. H.) stellte das in Abrede, weil ich überzeugt war, meine Hälfte gewissenhaft zu erfüllen. Um uns nicht zu streiten, sondern auf der Basis von überprüfbaren Tatsachen zu entscheiden, beschlossen wir einen schriftlichen Aufgabenplan einzuführen.

Ich (T. H.) war mir sicher, dass er zutage fördern würde, was ich längt wusste: Ich mache genauso viel wie meine Partnerin! Der Plan wurde gut sichtbar an der Seitenwand eines Hängeschranks in der Küche aufgehängt. Jeder machte nach Erfüllung der Aufgaben ein Häkchen dahinter. Es dauerte nicht lange, bis mir (T. H.) klar wurde, dass ich bisher bei Weitem nicht so viel gemacht hatte, wie ich dachte. Meine Selbstwahrnehmung stimmte mit den Tatsachen nicht überein. Ich war einigermaßen verblüfft.

Seitdem ist mir etwas aufgefallen, wozu anscheinend viele Männer neigen. Wenn wir etwas im Haushalt tun, kommen wir uns ganz großartig vor, prahlen damit, wollen gelobt werden, klopfen uns selbst stundenlang auf die Schulter, schildern in allen Einzelheiten, wie heldenhaft wir den Müll, den Abwasch und den Dreck im Bad besiegt haben, während Frauen einfach und ganz selbstverständlich ohne viel Trara ihren Job machen.

Sie kennen das vielleicht vom Wetterbericht: Temperatur 25 Grad, gefühlt 30. So ähnlich scheint es zu sein, wenn Männer im Haushalt helfen. »Helfen« ist übrigens schon verräterisch. Wer hilft, übernimmt nicht seinen gerechten Anteil, sondern steuert lediglich ein bisschen bei, während ein anderer die Hauptlast trägt. Jedenfalls fühlt es sich für uns (Männer) wie 50 Prozent an, wenn wir in

Wirklichkeit vielleicht 10 bis 30 Prozent der Aufgaben übernehmen.

Nachdem wir mithilfe des schriftlichen Putzplans geklärt hatten, wer wie viel im Haushalt macht, stellten wir fest, dass wir mit der 50/50-Aufteilung jeder einzelnen Aufgabe nicht wirklich zufrieden waren. Ich (T. H.) sah zum Beispiel nicht ein, weshalb das Bad und die Toilette so oft geputzt werden sollten. Mir reichte der saubere Gesamteindruck. Was in den kleinen Ecken mit der Lupe zu sehen war, interessierte mich weniger.

Deshalb beschlossen wir Stufe 2: Wir teilten die Aufgaben so auf, dass jeder zu hundert Prozent das machen konnte, was er/sie im Prinzip mühelos erledigte. Bei mir (R. G.) war das zum Beispiel die Wäsche, bei mir (T. H.) den Müll wegbringen und einkaufen. Unter dem Strich war es vom Zeit- und Kraftaufwand her in etwa gleich. Gelegentlich tauschen wir die Aufgaben. Damit sind wir seitdem glücklich.

Da wir immer eigene Zimmer hatten, war der – subjektive (T. H.), objektive (R. G.) – Sauberkeitsstand in unserer Wohnung eben unterschiedlich ausgeprägt. In den Zeiten, in denen eine Seite beruflich freier war, hat diese mehr Aufgaben übernommen und die andere Seite entlastet.

Andere lösen dieselben Probleme vielleicht, indem sie eine Putzhilfe engagieren, auswärts essen und ihre Wäsche in die Wäscherei geben. Das ist aus unserer Sicht auch ein nachvollziehbares Modell.

Achten Sie bei der Verteilung der Hausarbeit und dem Verhandeln darüber, wer was macht, wieder auf Ihre Gedanken. Stellen Sie Muss-Gedanken infrage. Seien Sie sich bewusst, dass Sauberkeitsvorstellungen und Ordnungsbedürfnisse sehr unterschiedlich sein können und die Frage:

»Was macht ein richtiges Zuhause aus?« von jeder/jedem anders beantwortet wird.

Auch das Energielevel jedes Menschen ist unterschiedlich. Während einer nach einem langen Arbeitstag noch rasch die Fenster putzt, ohne sich zu verausgaben, hängt der andere ab nachmittags schon in den Seilen und sehnt sich nach seinem Sofa.

Außerdem gibt es tatsächlich diese durchaus segensreiche Fähigkeit, über Socken, die über Stuhllehnen hängen, gefüllte Einkaufstüten, die mitten im Flur stehen, oder Waschbecken, die dringend eine Reinigung benötigen, schlicht und einfach hinwegzusehen. Ich (R. G.) habe mir angewöhnt, mich nicht mit Fantasien (»Was hat das zu bedeuten?« oder »Ist er sauer?«) aufzuhalten, sondern beispielsweise einfach zu sagen: »Packst du bitte die Tüten noch aus?«

Anmerkung (T. H.): Ich lasse keine Socken über Stuhllehnen hängen!

Als Tipp möchten wir gerne weitergeben, dass man sich nicht die Köpfe heißreden sollte, bevor die Tatsachen geklärt sind. Finden Sie einen Weg, den Streit zu versachlichen. Ein Putz- oder Aufgabenplan, der abgehakt wird, ist so ein Mittel. Da können auch gleich die Kinder mit einbezogen werden.

Als Erstes sollte sich jeder aussuchen dürfen, was er machen will. Sonst macht sie die Wäsche, und er putzt die Fenster, obwohl es umgekehrt jedem sogar Spaß machen würde.

Bleiben Sie flexibel, und seien Sie bereit, zu improvisieren. Man kann auch mal tauschen, zeitweise mehr machen und dann wieder weniger. Entscheidend ist, wie zufrieden beide mit den getroffenen Vereinbarungen sind. Stillschweigende Vereinbarungen bzw. traditionelle Rollenerwartungen, nämlich dass die Frau den Haushalt macht und der Mann zur Arbeit geht, sind längst überholt, und zwar seit Frauen berufstätig und Männer öfter mal arbeitslos sind.

»Das bisschen Haushalt« ist ein leidiges Thema, aber bei gegenseitiger Rücksichtnahme lösbar.

Schließlich sind es auch deine Kinder

So lautet der Stoßseufzer vieler Mütter gegenüber den Vätern.

Von älteren Männern hört man heute immer öfter, dass sie es bedauern, die Kindheit ihres Nachwuchses versäumt zu haben. Erinnern Sie sich bitte rechtzeitig daran: Jetzt ist die Zeit, mit den Kindern zu spielen, für sie da zu sein und mit ihnen zu reden. So ersparen Sie sich sowohl die Vorwürfe Ihrer Partnerin als auch die Ihrer Kinder, und Sie müssen im Alter das Versäumte nicht bereuen.

Nach einer Scheidung leben die gemeinsamen Kinder ganz überwiegend bei ihren Müttern. Etliche Väter sind darüber unglücklich, müssen aber einsehen, dass ihre Exfrauen tatsächlich den Großteil der praktischen täglichen Sorge getragen haben. Mütter verbringen mit ihren Kindern immer noch etwa doppelt so viel Zeit wie die Väter.

Einige KritikerInnen halten die Einstellung von Müttern für zwiespältig. Sie würden die Väter einerseits davon abhalten, sich in der Kinderpflege stärker zu engagieren, gleichzeitig aber über deren Zurückhaltung klagen.

Andere werfen den Vätern vor, ihre Frauen buchstäblich allein zu lassen und erst dann aus dem Büro nach Hause zu kommen, wenn die Kinder garantiert schon im Bett sind.

Es heißt, dass der Geburt von gemeinsamen Kindern oft eine Rückkehr zu traditionellen Rollenmodellen folgt. Die Männer reduzieren ihre Hausarbeit, die Frauen ihre Erwerbstätigkeit. Ob das einverständlich erfolgt?

Junge Paare streben überwiegend eine gleichrangige Aufgabenverteilung an. Werden sie später von der bundesrepublikanischen Wirklichkeit (fehlende Kitaplätze, Gender Pay Gap, »Rabenmutter«-Diskussion) eingeholt?

Da haben wir es wieder: Das Sein bestimmt das Unbewusste, nicht das Bewusstsein. Denn wenn wir bewusst sind, erkennen wir unsere Wahlmöglichkeiten. Gegen den Strom zu schwimmen ist allerdings viel schwieriger, als sich mit dem Strom treiben zu lassen: Das ist wahr.

Die Geburt des ersten Kindes stellt für viele frischgebackene Eltern eine Herausforderung dar. Nichts ist mehr, wie es vorher war! Oft fühlen sich Eltern anfangs völlig überfordert. Ihnen fehlt der ungestörte Schlaf. Plötzlich zu dritt und nicht mehr zu zweit zu sein ist für jedes Paar eine mehr oder weniger große Umstellung.

Das Budget muss neu verteilt werden. Außerdem tauchen viele Fragen auf: Warum schreit er jetzt? Tut ihr etwas weh? Entwickelt er sich so, wie er sollte? Wir wollen alles richtig machen: Aber was heißt das jetzt praktisch?

Viele Jungeltern stecken in einem Zwiespalt. Endlich ist das Baby da, auf das sie sich so gefreut haben, aber es fühlt sich in der ersten Zeit nicht unbedingt großartig an. Studien zeigen, dass Eltern unglücklicher sind als der

Bevölkerungsdurchschnitt, ganz im Gegensatz zum propagierten Elternglück.

Lassen Sie sich von Ihren manchmal widerstreitenden Gefühlen nicht verwirren. Es ist völlig in Ordnung, dass Sie Zeit brauchen, um sich an das Leben mit Kind zu gewöhnen. Seien Sie nachsichtig: mit sich, mit Ihrem Partner und mit Ihrem Neuankömmling. Und sprechen Sie offen darüber, was Sie sich wünschen und was Sie brauchen.

Entspannen Sie sich (ja, gerade wenn Ihnen die Zeit dazu fehlt!). Bleiben Sie gelassen (Kindererziehung ist keine Katastrophe!)

Experimentieren Sie einmal mit den folgenden Gedanken:

Es ist nur eine Phase.

Aller Anfang ist schwer.

Es ist okay, wenn ich mich vorübergehend erschöpft fühle.

Eltern sind auch nur Menschen und müssen nicht perfekt sein.

Ansonsten gilt – wie immer – in der Partnerschaft:

Nichts geschieht einfach so!

Klären Sie Ihre beiderseitigen Vorstellungen – möglichst schon bevor Ihr gemeinsames Kind den ersten Schrei tut. Verhandeln Sie die Sache neu, wenn Sie mit der derzeitigen Aufgabenverteilung in der Familie unzufrieden sein sollten.

Nichts muss bleiben, wie es ist!

Wenden Sie die Superstrategie für eine glückliche Partnerschaft an:

Akzeptieren Sie Ihren Partner, wie er ist.

Belehren Sie ihn nicht. Stecken Sie ihn nicht in ein Umerziehungsprogramm. Übernehmen Sie die Verantwortung für Ihre Gefühle, und teilen Sie Ihre Wünsche mit. Nicht mehr und nicht weniger.

Trauen Sie sich zu sagen: »Ich hätte gern, dass du Leo öfter wickelst«, oder »Mein Wunsch ist, dass du Sophie abends vorliest«.

Wertschätzen Sie alles, was Ihr Partner unternimmt, um Ihren Wunsch zu erfüllen. Lassen Sie zu, dass Ihr Partner das Gewünschte vielleicht auf eine völlig andere Weise ausführt, als Sie es machen würden. Gestehen Sie ihm das Recht zu, Fehler zu machen.

Mit Entschlossenheit und Ausdauer können Sie es schaffen, die Kinderbetreuung gemeinsam so zu regeln, dass Sie beide zufrieden sind. Und andererseits: Lassen Sie sich beeinflussen. Nehmen Sie die Wünsche Ihrer Partnerin ernst. Vermeiden Sie das bereits erwähnte späte Bedauern, Ihre Kinder nicht aufwachsen gesehen zu haben.

Meckern, Nörgeln oder Druck machen ist das Gegenteil von Gelassenheit in der Liebe, das Ignorieren von wesentlichen Wünschen der Partnerin oder des Partners ebenso.

Die private Eurozone

Beim Geld höre die Freundschaft auf, sagt ein Sprichwort. Für Ihre Liebe muss das nicht gelten. Vorausgesetzt, Sie gehen emotional intelligent an die Sache heran.

Wissen Sie, was Ihr Partner/Ihre Partnerin verdient? Nicht nur grob geschätzt, sondern genau? Kennen Sie Ihre eigenen Einnahmen und monatlichen finanziellen

Verpflichtungen? Führen Sie ein Haushaltsbuch, in das Sie sämtliche Ausgaben eintragen?

Wenn Sie auf alle drei Fragen mit einem klaren Ja antworten können, sind die Voraussetzungen gegeben, dass es in Ihrer privaten Eurozone nicht zu schwerwiegenden Krisen kommt.

Jetzt brauchen Sie sich nur noch mit Ihrer PartnerIn darüber einig zu werden, ob jeder – nach Abzug der festen gemeinsamen Kosten – den Rest für sich behält oder ob Sie Ihr beiderseitiges Einkommen in einen Topf werfen. Dann wäre allerdings zu klären, wer wann wie viel entnehmen darf. Damit beschwören Sie unter Umständen Dauerdiskussionen herauf.

Wenn jeder mit seinem Geld macht, was er will, vermeiden Sie alle Auseinandersetzungen darüber, welcher Bücherkaufetat angemessen ist und ob ein bestimmter Designerschal zwingend nötig war. Was geht es den anderen an, wofür sie ihr Geld ausgibt?

Das heißt nicht, dass man sich nicht gegenseitig etwas abgibt oder keine Geschenke macht. Nur ist es eben nicht selbstverständlich, auf das Einkommen des anderen zuzugreifen.

Könnte es sein, dass die Freundschaft entgegen der verbreiteten Meinung beim Geld nicht aufhört, sondern beginnt? Freundschaft hat sehr viel mit Vertrauen zu tun. Deshalb ist es eigentlich nur folgerichtig, dass sämtliche Tatsachen bezüglich des Geldes auf den Tisch kommen und die Verteilung im Einzelnen besprochen wird. Das Sprichwort: »Über Geld spricht man nicht« hat sich vermutlich jemand ausgedacht, der viel besitzt und nicht teilen will. Transparenz ist der Schlüssel zum Glück, nicht nur in Gelddingen.

Schwierig kann es beim Aushandeln gemeinsamer Anschaffungen werden, wenn Ihre Ideen und die Ihrer PartnerIn stark auseinandergehen (Ikea oder Antiquitäten, SUV oder Smart, Poster oder Original?). Am besten erforschen Sie gemeinsam, was hinter Ihren Kaufimpulsen steht, um die Herzenswünsche von den vorübergehenden Konsumattacken zu unterscheiden.

Aber was genau ist Verschwendung? Und wo fängt krankhafter Geiz an? Darüber ließe sich lange streiten. Stammt man aus einer Familie, in der noch die verbrauchten Feudel zu Fußmatten verarbeitet wurden, oder galt es schon als Zeichen der Verwahrlosung, etwas anderes als Kaschmir beim Handwerken zu tragen? Der eine begeistert sich beim Kauf handgenähter Schuhe, während die andere sich ein schlechtes Gewissen macht, weil sie 20 Euro für ein Paar Espadrillos ausgegeben hat. (Da fällt mir, T. H., nebenbei der Gemüseladen ein, in dem die Inhaberinnen ausschließlich in teurer Designerkleidung die Kartoffeln abgewogen haben. Voilà!)

Jedenfalls braucht es, nach anfänglichem Kopfschütteln, bestimmt viel gegenseitiges Verständnis, sich seine Vorlieben für Trash oder Luxus zuzugestehen.

Je besser man sich selbst und den anderen kennt, desto leichter fällt es einem, lockerer mit den individuellen Besonderheiten umzugehen. Je bewusster man sich seiner Prägungen ist, desto problemloser kann man entscheiden, ob man weiter so denken und handeln will wie bisher oder ob ein Richtungswechsel ansteht.

Es gibt nicht die eine richtige Art und Weise, mit Geld umzugehen. Nur weil Sie sich an einen bestimmten Lebensstil gewöhnt haben, ist dieser nicht der allein selig machende. Das begreift man erst in einer Partnerschaft in vollem Umfang, wenn man intensiver als jemals zuvor mit anderen Sicht-, Empfindungs- und Handlungsweisen konfrontiert ist.

Auch bei der Aufteilung des Geldes lohnt es, sich hin und wieder die Frage zu stellen: Wie könnte ich denken und mich verhalten, um dem Ziel »Gelassenheit in der Liebe« so nah wie möglich zu kommen?

Alles ist verhandelbar, oder?

Bestimmt haben Sie es inzwischen gemerkt: Gelassenheit in der Liebe bedeutet nicht, sich über den Tisch ziehen zu lassen. Das verbietet schon die Selbstliebe. Aber man möchte genauso wenig den anderen übervorteilen. Meinungsverschiedenheiten und Interessengegensätze findet man normal. Kein Grund, sich aufzuregen! Entspannt und freundlich unterhält man sich darüber, wie die gemeinsame Lösung aussehen könnte.

Vertrauen gehört zu den Grundlagen einer guten Beziehung. Jedoch kein blindes Vertrauen am Anfang! Es wächst mit der Zeit. So kann man immer entspannter über alles verhandeln, weil man weiß, dass es am Ende keine Verlierer geben wird, wie man das vielleicht von seinen Eltern oder von (anderen) schlechten Beziehungen gewöhnt ist.

Auf keinen Fall möchten wir dem Missverständnis Vorschub leisten, dass Gelassenheit dasselbe sei wie Dummheit oder Naivität. Es ist nicht unbedingt Humor, wenn man trotzdem lacht, sondern es kann auch Feigheit, Selbstverrat oder Gute-Miene-zum-bösen-Spiel-Machen dahinterstecken. Ebenso gibt die Klügere nicht immer nach. Überprüfen Sie solche Spruchweisheiten auf ihre Anwendbarkeit in Ihren Beziehungen. Ist es womöglich der Narr, der stets nachgibt?

Wann immer Differenzen zwischen Ihnen und Ihrem Lieblingsmenschen entstehen, fragen Sie sich, ob es wirklich eine Angelegenheit ist, über die Sie gelassen hinwegsehen möchten. Wenn nicht, machen Sie aus Ihrem Herzen keine Mördergrube. Sagen Sie, was Sie stört. Verhandeln Sie die Sache, gelassen und entspannt, freundlich und bestimmt.

Apropos bestimmt. Wer bestimmt eigentlich, wie Sie als Paar zusammenleben? Na klar, Sie beide haben die Fäden in der Hand und niemand anderes! Aber das muss einem erst einmal bewusst werden. Allzu leicht orientieren wir uns an dem, was wir bei unseren Eltern oder Freunden gesehen haben, oder an dem, was »man« eben so tut.

Daraus entstehen dann Annahmen wie: »Alle anderen Paare gehen am Samstag zusammen einkaufen, nur du willst das nicht«, oder »Wer sich wirklich liebt, fährt auch zusammen in Urlaub« oder »Eine Frau, die ständig mit ihren Freundinnen rumhängt, vermisst zu Hause was« oder »Der Mann muss das höhere Gehalt nach Hause bringen« oder »Eine Ehe ohne Kinder ist irgendwie keine richtige Ehe«. Ihnen fallen sicher noch weitere Klischees ein.

In Wirklichkeit gibt es keine Regeln, an die Sie sich zu halten haben, es sei denn, Sie beide vereinbaren das so für ihre Beziehung. Selbst das, was Sie einmal zusammen beschlossen haben, ist nicht in Stein gemeißelt und kann gegebenenfalls neu verhandelt werden.

Alles, was Sie beide für richtig halten, ist es auch: für Sie! Für ein anderes Paar gilt dasselbe und wahrscheinlich etwas völlig anderes, wenn Sie wissen, was wir meinen.

Ist das nicht wunderbar? Wir brauchen uns um Vorschriften à la »Liebe ist …« nicht zu kümmern und können die mehr oder weniger gut gemeinten, aber unverbindlichen Regeln unbeachtet lassen. Wir sind frei, unsere Liebe so zu leben, wie wir wollen, mit der Person (oder sogar den Personen), mit der wir uns einig werden.

Stellen Sie alles, wovon Sie mit Sicherheit meinen »Das muss so sein!« infrage: »Wirklich? Wer sagt das? Ist das ein Gesetz? Stimmt das mit den Tatsachen überein? Will ich das? Wollen wir das? Fördert das unsere Gelassenheit und unsere Liebe, oder setzen wir uns damit nur unter Druck?«

Es wäre schade, wenn Sie die Freiheiten, die wir heute haben, nicht nutzen. Denn auch wenn einem die Welt vielleicht nicht als idealer Ort erscheint und der eine oder andere denkt: »Früher war alles besser«, hatten wir in Liebes- und Partnerschaftsdingen noch nie so viel Spielraum wie heute. Spielraum ist übrigens ein schöner Begriff, den man wörtlich nehmen darf; denn Spiel und Spaß sind Hauptzutaten für eine Paarbeziehung, in der die Liebe frisch bleibt und nicht gezerrt und gezogen wird, sondern sich zwei Menschen herzlich zugetan sind.

Alles ist verhandelbar. Bloß die Grundlagen der Mitmenschlichkeit nicht. Aber dazu mehr im nächsten Abschnitt.

Unsere unveräußerlichen Rechte

Unveräußerlich sind die Rechte, auf die niemand freiwillig verzichten kann. Das sind zum Beispiel die Menschenrechte, wie sie in der Allgemeinen Erklärung der

Vereinten Nationen von 1948 oder in den Grundrechten unserer Verfassung zum Ausdruck kommen.

Aber die meinen wir hier nicht, obwohl es sich immer lohnt, sich dieser Rechte bewusst zu sein. »Alle Menschen sind frei und gleich an Würde und Rechten geboren«: Dieser erste Satz des ersten Artikels der Menschenrechtserklärung ist von zeitloser Gültigkeit, jedoch bis heute vielfach missachtet.

Wir möchten auf andere Rechte zu sprechen kommen, nämlich solche, die in keiner Verfassung und in keinem Gesetz stehen und die man vor keinem Gericht einklagen kann. Für ein gutes Zusammenleben sind sie dennoch unverzichtbar.

Man könnte sie als »Selbstsicherheitsrechte« bezeichnen; denn sie sind die Grundlage für ein selbstbestimmtes Leben inmitten der Menschen, mit denen man täglich zu tun hat. Wer selbstsicher ist – manche sagen auch selbstbewusst –, lässt sich nicht von anderen manipulieren.

Leider ist es häufig so, dass unsere Nächsten nicht offen sagen, was sie wollen. Sie verdecken ihre wahren Absichten, weil sie nicht glauben, dass wir ihre Wünsche freiwillig erfüllen würden. Wenn ihre Forderungen unseren Interessen zuwiderlaufen, haben sie allen Grund für ihre Befürchtung. In anderen Fällen wäre es besser, sie würden geradeheraus sagen, was sie möchten, weil wir entgegen ihren Erwartungen durchaus bereit wären, ihnen entgegenzukommen.

So wie die Dinge liegen, muss man damit rechnen, dass selbst unsere Liebsten versuchen, uns zu manipulieren. Sie tun dies vor allem, indem sie versuchen, uns Angst oder ein schlechtes Gewissen zu machen.

Schauen wir uns das an einem Beispiel an. Lena will neben der Kindererziehung ein Studium aufnehmen.

Ihr Lebenspartner Marc sagt dazu: »Das schaffst du doch nicht. Am Ende fällst du durch die Prüfung, und die ganze Mühe war umsonst.« Damit will Marc erreichen, dass Lena sich nicht traut, zu studieren. Möglicherweise sagt er auch: »Da werden die Kinder aber sehr traurig sein, wenn sie so oft allein sind, wenn du deine Seminare besuchst.« Marc will Lena ein schlechtes Gewissen machen, damit sie ihre Pläne aufgibt. Wenn er selbstsicher wäre, würde er sagen: »Ich habe Angst vor den Veränderungen, die dein Studium mit sich bringen würde« und diese vermeintliche Angst weiter begründen. Darauf könnte Lena eingehen, ohne sich verteidigen zu müssen.

Umgekehrt will Marie verhindern, dass Oliver seine sichere Stelle als verbeamteter Lehrer kündigt, um sich mit einer freien Nachhilfeschule selbstständig zu machen. »Wir werden nichts mehr zu essen haben«, malt sie den Teufel an die Wand. Oder alternativ: »Kannst du das gegenüber mir und den Kindern verantworten?«

Eine selbstsichere Äußerung würde sich so anhören: »Ich mache mir ernsthafte Sorgen, dass unser Geld nicht reichen wird, wenn du kündigst. Lass uns das mal durchrechnen.«

Solange unsere PartnerIn nicht die Karten auf den Tisch legt, können wir den Manipulationsversuchen nur entgehen, indem wir unsererseits selbstsicher kommunizieren. Das geschieht am besten auf der Basis der Rechte, die wir als autonome, unser Leben selbst bestimmende Wesen besitzen. Im Kern geht es um folgende Freiheiten:

1. Jeder hat das Recht, sein Verhalten weder zu rechtfertigen noch zu entschuldigen.
2. Jeder hat das Recht, seine Meinung zu sagen und zu ändern.
3. Jeder darf Fehler machen.
4. Jeder hat das Recht, es anderen nicht recht zu machen.
5. Jeder darf sagen: Ich weiß es nicht.
6. Jeder darf sagen: Das verstehe ich nicht.
7. Jeder hat das Recht zu sagen: Das ist mir egal.

In unseren Beispielen bedeutet das, dass Lena sich für ihren Studienwunsch nicht zu entschuldigen braucht. Ihr Plan muss Marc nicht gefallen. Wichtig ist vor allem, dass Lenas Bedürfnisse nicht unter den Tisch fallen, sondern das Paar gemeinsam Lösungen aushandelt. Sogar wenn sich das Studium als Fehler erweisen sollte, ist das okay. Niemand muss perfekt sein.

Auch Oliver muss sich für seine Pläne, eine Nachhilfeschule zu gründen, nicht rechtfertigen. Er darf seine Meinung, dass es gut sei, eine feste Stelle zu haben, ändern. Auf Maries Frage, ob das gutgehen wird, kann er sagen: »Ich weiß es nicht.« Ebenso ist Maries Wunsch, die finanzielle Seite durchzurechnen, berechtigt. Olivers Träume haben das Recht, gehört zu werden, ebenso wie Maries Ängste.

Spüren Sie die Freiheit, die einem die Selbstsicherheitsrechte geben? Man braucht nicht mehr »bitte, bitte« zu sagen und sich kein schlechtes Gewissen mehr machen zu lassen, sondern darf seine Wünsche und Ziele offenlegen. Zudem muss man hochfliegende Träume nicht verleugnen.

Selbstsicherheit ist die gelassenere Art, zu kommunizieren. Man sagt, was man will, ohne den anderen anzugreifen oder sich zu verteidigen. Man gibt auch nicht nach, sondern bleibt bei seinen Plänen, es sei denn, der/die andere kann einen durch Sachargumente überzeugen. Auf Angstmache und Schlechtes-Gewissen-Einreden reagiert man dagegen nicht.

Selbstverständlich gelten die oben genannten Rechte für beide Seiten. Auch die PartnerIn darf machen, was sie will. Das muss einem nicht immer gefallen. Aber es ist die einzige Art und Weise, das eigene Leben zu leben und nicht das von irgendjemand anderem.

Lösungsorientiert

Wir können mit allem, was uns am anderen nicht passt, auf zwei verschiedene Arten umgehen: problemorientiert oder lösungsorientiert.

Wenn wir uns auf das Problem konzentrieren, erreichen wir damit, dass es größer wird, zumindest in unserem Bewusstsein. Es besteht die Gefahr, dass wir glauben, unsere ganze Beziehung sei problematisch. Wir denken darüber nach, wie es angefangen hat, wie oft wir uns deshalb schon verkracht haben, ob es in unserer Familiengeschichte wurzelt, warum wir recht haben und der andere nicht und so weiter.

Bei einigen Paaren hat man den Eindruck, dass sie über bestimmte »Klassiker« seit vielen Jahren immer wieder aneinandergeraten und dies vermutlich bis ans Ende ihrer Tage tun werden. Sie haben inzwischen eine komplette Geschichte ihrer Konflikte geschrieben: »Es begann im Mai 1992 in Rom. Da haben wir am gleich am ersten Tag darüber gestritten, dass … Und von da an wurde es immer schlimmer. Dann habe ich …, dann hat er … Darauf habe ich …« undsoweiterundsofort.

Wenn man nichts Besseres mit seiner Zeit anzufangen weiß, kann man das so machen. »Wer nichts hat, hat was«, wie man so sagt. Und bei einigen ist das »was« ein lebenslanger Streit. Aber will man das wirklich? Ist das die beste Wahl?

Mit Gelassenheit in der Liebe hat so ein Dauerstreit jedenfalls nichts zu tun.

Anders sind die Paare, die lösungsorientiert streiten, sich also darauf fokussieren, wie sie einen Konflikt aus der Welt schaffen können.

Nehmen wir an, da sind zwei, bei denen Person A superpünktlich und Person B stets etwa 15 Minuten nach der vereinbarten Zeit erscheint. Beide haben schon x-mal darüber gestritten. Nichts hat sich geändert. Was tun?

Es kommen mehrere Lösungen infrage. B könnte seine Einstellung und sein Verhalten ändern und in Zukunft pünktlich erscheinen. Genauso wie A sich entschließen könnte, das »akademische Viertel« zu berücksichtigen und 15 Minuten bei jedem gemeinsamen Termin draufzugeben.

Oder Person A erscheint wie immer, nimmt die Verspätung von B jedoch gelassen: »B macht das nicht, um mich zu ärgern. Wir haben noch nie einen Zug oder eine Veranstaltung verpasst. Ich bin sehr genau. B ist da lockerer. Eigentlich mag ich die lockere Art von B sogar. Ich betrachte die 15 Minuten einfach als Pause in meinem hektischen Alltag. Außerdem ist die Sache nicht so wichtig.«

Genau genommen gibt es keine Probleme, nur Tatsachen. Etwas als Problem zu bezeichnen ist eine Wertung. Wenn ich die Tatsache anders auffasse, verschwindet das Problem.

Konzentriert man sich auf die positiven Seiten einer Person und nimmt die negativ empfundenen Punkte nicht so wichtig, kann man sich entspannen. Man löst dann nicht das Problem an sich (die leichte Unpünktlichkeit beispielsweise bleibt), sondern löst sich von ihm (die superpünktliche Person verbeißt sich nicht darin).

Und wie ist es bei diesem Beispiel? Annette ärgert sich darüber, dass Dieter oft eine labberige Hose trägt, wenn sie zusammen essen gehen. Dieter findet seine Hose in Ordnung und versteht die Aufregung nicht.

Annette könnte sich zwei Fragen stellen: Geht es mich etwas an? Ist es mir wirklich wichtig? Und sogar: Ist es mir wichtiger als die Beziehung?

Ob eine Hose abgetragen, labberig oder maßgeschneidert ist, geht vor allem die Person etwas an, die die Hose trägt. Die Antwort auf die Frage: Geht es mich etwas an? lautet also: Nein.

Nur wenn Annette sich Dinge sagt wie: »Das ist ja voll peinlich. Alle Restaurantgäste wundern sich, dass ich mit so einem Mann ausgehe. Die denken, er könne sich keine besser sitzende Kleidung leisten. Ich bin total blamiert«, macht sie die Sache zu ihrem Problem. Ihr unterlaufen zwei Denkfehler: Erstens weiß sie nicht, was die Restaurantgäste denken. Es ist eine reine Vermutung. Zweitens bezieht sie das Aussehen ihres Mannes auf sich. Wenn überhaupt, ist er blamiert, nicht sie.

Annette könnte stattdessen denken: »Ich weiß nicht, ob die Restaurantgäste Dieters Hose beachten. Es gibt

Menschen, denen gut sitzende Kleidung wichtig ist, und andere, denen das egal ist. Falls sich einer blamiert, dann er. Es gibt doch keine Sippenhaft für schlecht sitzende Hosen. Außerdem mag ich ihn, mit und ohne Hose.«

Lösungsorientiertes Denken klebt nicht am Problem, sondern zielt auf eine konstruktive Regelung. Diese kann entweder in einer alternativen Wertung bestehen oder in einem praktischen Kompromiss. Vielleicht zieht sich der Mann ja ausnahmsweise sogar vor dem Ausgehen um, wenn er weiß, dass das seiner Frau so viel bedeutet.

Schauen wir uns noch ein klassisches Beispiel an:

Nele liegt im Urlaub am liebsten am Meer in der Sonne. Sie schwimmt, liest und genießt die landestypische Küche. Sebastian findet einen Badeurlaub langweilig. Er wandert lieber in den Bergen von Hütte zu Hütte. Die Touren dürfen gerne »anspruchsvoll«, sprich anstrengend sein. Ihn begeistern die unberührte Natur, die örtliche Tier- und Pflanzenwelt und die Herausforderung des Aufstiegs. Das alles macht Nele gar keinen Spaß. Sie findet, das sei kein Urlaub, sondern Arbeit. Beide möchten aber gerne zusammen in Urlaub fahren.

Haben Sie Ideen, wie die Lösung aussehen könnte?

Das Leben als Improvisationstheater

Eine Fähigkeit, die LebenskünstlerInnen besitzen, ist ihr Improvisationstalent. Auch in der Liebe kommt es uns sehr zugute, wenn wir lernen, flexibel zu denken und zu handeln.

Wer aus jeder Situation, in die uns das Leben stellt, etwas zu machen versteht, braucht kaum etwas zu fürchten und wird wesentlich mehr Spaß haben als diejenigen, die starr auf ihren einmal gefassten Plan ausgerichtet sind.

Ein Beispiel dafür ist das Kinderkriegen. Nehmen wir einmal an, der große Wunsch eines Paares ist es, viele gemeinsame Kinder in die Welt zu setzen. Nun stellt sich heraus, dass es mit dem Schwangerwerden nicht klappt. Ohne Flexibilität könnte sich die Situation in Richtung Drama neigen. Der Lebensplan ist undurchführbar. Wie kann es jetzt weitergehen?

Ist das Paar in der Lage, zu improvisieren, also auf eine ungeahnte Wendung positiv zu reagieren und etwas aus der Situation zu machen, könnten beide beschließen, Kinder zu adoptieren, oder sie könnten ihre Kinderlosigkeit akzeptieren und sich andere Ziele suchen.

Die Fähigkeit, sich auf Unvorhergesehenes einzustellen, erfordert auch die umgekehrte Situation:

Ein junges Paar, noch in der Ausbildung, geht gern tanzen und will die Welt bereisen. Da wird die Frau ungewollt schwanger. Beide lehnen eine Abtreibung ab. Sie bekommen das Kind. Auch hier ist eine ziemliche Portion Improvisationstalent nötig, um nicht im Unglück zu versinken, sondern trotz der teilweise durchkreuzten Pläne das zu tun, was unter den neuen Umständen möglich ist – und sogar Spaß dabei zu haben.

»Ich bin gespannt, wie ich diese Situation meistern werde. Mal schauen, was sich Gutes daraus entwickeln lässt!«

Wer so denkt, richtet den Blick auf das Machbare und nicht auf die zerstörten Pläne.

Beim Streiten kann uns Improvisationstalent nützlich sein, um zum Beispiel aus eingefahrenen Diskussionsmustern auszubrechen. Was halten Sie davon, auf die Frage: »Musst du immer alles liegen lassen?« zu antworten: »Lass uns beide am Wochenende doch mal alles liegen lassen und ans Meer fahren!« Das muss die eingefahrene Situation nicht auflockern, aber einen Versuch ist es wert.

Vielleicht hatten Sie schon einmal das Vergnügen, MusikerInnen beim Improvisieren zu lauschen. Wie sie sich gegenseitig überraschen und zu ganz ungeahnten Tonfolgen inspirieren, sich »die Bälle zuspielen« und Freude am Unerwarteten haben. Wenn es »nur« ums Musizieren geht, ist das sicher ein Stückchen einfacher. Aber die Virtuosität, Ja zu den Einfällen des Universums zu sagen, lässt sich auch im übrigen Leben erlernen.

Und nun: Verpassen Sie nicht Ihren Einsatz!

Dos and don'ts

Das Geheimnis einer langjährigen, glücklichen Liebesbeziehung liegt in erheblichem Maß darin, ob es einem Paar gelingt, respektvoll und konstruktiv zu streiten. Wie das geht, haben wir in den vorigen Abschnitten beschrieben.

Das Wichtigste möchten wir in zehn einfachen Regeln zusammenfassen. Was sollten Liebende, die es bleiben wollen, tun, und was sollten sie lassen?

1. »Serviere Kritik in der Teetasse und Lob in der Suppenschüssel.« Dieses schöne Sprichwort, erinnert daran, mit Lob großzügig und mit Kritik knauserig umzugehen. Das entspricht den Erkenntnissen des Psychologie-Professors und Eheforschers John M. Gottman. Er hat herausgefunden, dass Paare,

bei denen jedem negativen Erlebnis fünf positive gegenüberstehen, sich als glücklich bezeichnen. Vermeiden Sie also den Beziehungskiller Nr. 1, Ihre PartnerIn häufig zu kritisieren. Denken Sie daran, warum Sie ein Paar geworden sind: um Spaß miteinander zu haben, oder etwa nicht?
Bevor Sie anfangen zu meckern, stellen Sie sich drei Fragen:

- Geht es mich überhaupt etwas an?
- Ist es mir in zehn Jahren noch genauso wichtig, wie es mir im Moment zu sein scheint?
- Ist es mir wichtiger, als zusammen glücklich zu sein?

2. Wenden Sie die sieben Grundregeln kluger Kommunikation an:
   - Ich-Botschaften
   - Sagen, was man möchte
   - Sagen, warum man es möchte
   - Zuhören
   - Akzeptanz
   - Grenzen setzen
   - Eine Auszeit nehmen

3. Streiten Sie nie, wenn Sie müde sind oder Hunger haben. Verschieben Sie die Auseinandersetzung auf einen Zeitpunkt, an dem Sie beide ausgeruht und gesättigt sind.

4. Überzeugen Sie sich davon, dass Sie keine Übereinstimmung brauchen, um glücklich zu sein. Es

ist nicht nötig, dass Sie und Ihre PartnerIn in allem und jedem einer Meinung sind.

5. Übernehmen Sie die Verantwortung für Ihre Gefühle. Wenden Sie das ABC der Gefühle an.

6. Trauen Sie sich, Ihre Wünsche zu äußern, unabhängig davon, ob sie erfüllt werden oder nicht. Ermutigen Sie Ihre PartnerIn ebenfalls dazu. Je besser Sie sich kennenlernen, desto besser verstehen Sie einander.

7. Machen Sie sich Ihre Muss-, Sollte- und Darf-nicht-Gedanken bewusst, und steuern Sie dagegen.

8. Akzeptieren Sie, dass Ihre PartnerIn anders ist als Sie (bitte dreimal wiederholen!!).

9. Rufen Sie sich regelmäßig in Erinnerung, was Sie an Ihrer PartnerIn lieben. (Wenn Sie nichts mehr finden können, warum trennen Sie sich dann nicht?)

10. Wann haben Sie mit Ihrer PartnerIn besonders viel Spaß? Tun Sie mehr davon!

Eine letzte Anmerkung: Menschen, die glauben, eine langjährige, glückliche Partnerschaft sei ein Selbstläufer, glauben auch, das sich der Kühlschrank von allein füllt.

2. Der (Ehe-)Alltag als Übung

Alltägliches hat bei vielen einen schlechten Ruf. Alltag gilt als das Gegenteil von Fest, Besonderheit und dem Außergewöhnlichen.

Alltag sieht auf den ersten Blick grau aus. Dabei macht das, was alle Tage geschieht, den größten Teil unseres Lebens aus.

Schon die Zen-MeisterInnen haben erkannt, dass nicht der Alltag das Problem ist, sondern unsere Unbewusstheit. Wer wie ein Zombie durch die Welt stapft, versäumt all die schönen Momente, die das Leben uns auch im Alltag gibt. Er verpasst aber auch die vielen (häufig kleinen und manchmal unerwünschten) Dinge, die uns etwas lehren können.

Deshalb ist das Ideal des Zen der Mensch, der in allem, was er tut, bewusst ist: »Ich trage Wasser, ich sammle Holz: Wie wunderbar ist dies.«

Falls Sie Ihren Alltag – allein oder zu zweit – langweilig finden, könnte das darauf hindeuten, dass Sie nicht richtig bei der Sache sind; denn wer seine Tage bewusst (er)lebt (die erste Umarmung beim Aufwachen, den Geschmack des Kaffees am Morgen, den Weg zur Arbeit im Frühling, die vielfältigsten Begegnungen mit Kunden, Kolleginnen und Konkurrenten, das gemeinsame Abendessen mit dem Lieblingsmenschen), für den ist nichts grau.

Liebling, du lebst nicht mehr allein

Erinnern Sie sich noch daran, wie Sie als Single allein gewohnt haben? Oder sind Sie direkt von Ihrem Elternhaus mit Ihrer PartnerIn zusammengezogen? Auf jeden Fall war es wahrscheinlich ganz schön neu und aufregend, mit Ihrem Lieblingsmenschen Tag und Nacht zusammen zu sein.

Wir werden nicht als Paar geboren, sondern wir machen uns dazu, wenn wir es denn wollen. Dabei ist der Grad an Verbundenheit, den Liebende sich wünschen, höchst unterschiedlich. Den einen ist wichtig, dass aus dem Ich ein Wir wird, während die anderen genau das vermeiden möchten, weil sie um ihre Individualität fürchten. Aber zugehörig fühlen möchten sie sich in der Regel auch.

Bei den einen steht »Familie Maier« auf dem Klingelschild (zum Glück nicht mehr nur »Familie Hermann Maier«!), bei den anderen werden »Lisa Maier, Tom Müller, Maximilian Maier und (Katze) Grumpy« aufgeführt.

Das Zusammenleben löst bei einigen am Anfang einen gewissen Schrecken aus (das AC-Denken lässt grüßen!). Auf einmal kann man nicht mehr einfach tun und lassen, was man will. Plötzlich ist da schon jemand, wenn man nach Hause kommt. Das hat Vor- und Nachteile. Es kommt darauf an, wie man darüber denkt. Entweder man stört sich daran, dass das Badezimmer schon wieder belegt ist, oder man freut sich, nicht mehr alleine frühstükken zu müssen. Beide Gefühle können auch nebeneinander vorhanden sein.

Problematisch wird es in der Regel erst, wenn eine Person so tut, als lebe sie noch allein, und wenig bereit ist, Rücksicht auf die PartnerIn zu nehmen. Es soll ja Leute geben, die nach Hause kommen, ihrer Freundin mitteilen, dass sie das nächste halbe Jahr mit Freunden nach Kalifornien ziehen, ihre Koffer packen und weg sind sie. Und dann erwarten sie auch noch, dass ihre Partnerin die ganze Zeit treu auf sie wartet, und fallen aus allen Wolken, wenn sie bei ihrer Rückkehr feststellen, dass ihr Platz neu besetzt ist.

Wer einsame Entscheidungen trifft, muss damit rechnen, bald wieder allein zu leben.

Aber auch wenn mehr Bereitschaft zum Zusammenleben besteht als in diesem Beispiel, kann es einige Zeit dauern, bis man begreift, wie Rücksichtnahme buchstabiert wird. Seine Sachen in der ganzen Wohnung verteilen, Termine nicht absprechen, wichtige Entscheidungen, die auch den anderen angehen, alleine treffen: Das alles deutet auf ungesunden Egoismus hin.

Falls Sie feststellen, dass Ihre PartnerIn sich so oder so ähnlich verhält, machen Sie ihr/ihm klar: Liebling, du lebst nicht mehr alleine, und geben Sie ihr/ihm etwas Zeit, sich an das Zusammenleben zu gewöhnen.

Am besten tun Sie das gleich am Anfang. Aber zögern Sie nicht, es später nachzuholen, falls Sie es bisher versäumt haben.

Toleranz: Heißt das etwa, den anderen so zu lieben, wie er ist?

Es ist gar nicht so einfach, zu unterscheiden, was man in einer Partnerschaft tolerieren will und was nicht. Lassen Sie zu viel zu, kann bei Ihrer PartnerIn der Eindruck entstehen, er/sie könne alles mit Ihnen machen. Ziehen Sie die Grenzen zu eng, fühlt er/sie sich eingeengt.

Um das richtige Maß zu finden, können Sie sich zunächst an Ihrer eigenen Zufriedenheit orientieren. Stört es Sie, dass überall seine/ihre Sachen herumliegen? Sollte dies der Fall sein, müssten Sie es sagen und eine Lösung anstreben, die Ihnen beiden gefällt. Vielleicht muss jeder etwas nachgeben; denn natürlich können auch Sie nicht erwarten, dass die Wohnung so aufgeräumt ist, wie wenn Sie alleine lebten.

Wir haben in diesem Buch bisher zwei wesentliche Voraussetzungen einer glücklichen Partnerschaft ausgemacht: konstruktiv streiten können, den anderen glücklich sehen wollen und entsprechend handeln.

Und hier kommt die dritte: Die Lieblingsperson so lieben, wie sie ist. Vielleicht ist das die schwerste Disziplin im Liebesspiel. Sind wir nicht viel zu oft dabei, ein »Aber« an alles zu hängen?

»Ich liebe ihn, aber er müsste ordentlicher sein.«

»Er ist ein toller Mann, aber er sollte mir besser zuhören.«

»Sie ist meine Traumfrau. Wenn sie nur nicht so viel meckern würde.«

»Sie ist wunderbar, aber sie sollte weniger Geld ausgeben.«

Und jetzt noch einmal, ohne Wenn und Aber:

»Ich liebe ihn.«

»Er ist ein toller Mann.«

»Sie ist meine Traumfrau.«

»Sie ist wunderbar.«

Das hört sich doch ganz anders an, oder?

Machen Sie ein Experiment, und packen Sie Ihren Rotstift, mit dem Sie all die Fehler anstreichen, eine Weile an einen Ort, wo Sie ihn nicht so schnell wiederfinden. Und in der Zwischenzeit denken Sie jedes Mal, wenn sie ihn zücken möchten, über die Frage nach, wie Sie es schaffen können, Ihre PartnerIn so zu lieben, wie sie ist.

Wir hätten da einen Vorschlag: anders denken. Wieder die Muss-, Sollte und Darf-nicht-Sätze überprüfen. Wer bestimmt, was jemand muss? Wo steht geschrieben, was jemand nicht darf? Wer sagt denn, wer was sollte? Und vor allem: Macht es mich zufrieden, wenn ich so denke? Liebe ich mit diesen Gedanken meine PartnerIn so, wie ich es möchte?

Es gibt genau zwei Möglichkeiten: Entweder wir spielen die kleine DiktatorIn, oder wir haben glückliche, langjährige Beziehungen. Okay, es gibt noch eine dritte Möglichkeit: Wir meckern nicht ständig, aber regelmäßig und haben Partnerschaften, die beide als »eigentlich nicht schlecht« bezeichnen.

Soll das etwa heißen, dass man gar keine Kritik mehr äußern darf?

Mit der Toleranz ist es wie mit allem anderen auf der Welt. Es wird leichter, wenn wir auf das gucken, was wir positiv finden, als auf das, was uns stört. Denn wir haben uns unseren Lieblingsmenschen ja nicht ausgesucht, um auf ihm rumzuhacken, sondern um all die wunderbaren Qualitäten zu schätzen, in die wir uns verliebt haben.

Je unterschiedlicher ein Paar ist, desto mehr Toleranz müssen beide zeigen. Die entsprechende Formel lautet: Unterschiede + Toleranz = Glück.

Übrigens wächst die Bereitschaft, sich der PartnerIn zuliebe zu ändern, wenn man nicht das Gefühl hat, dass man dazu gezwungen wird. Sonst führt das dem

Menschen innewohnende Autonomiestreben dazu, sogar wohlmeinende Ratschläge zu ignorieren. »Jetzt erst recht«, denkt man dann, verschränkt innerlich die Arme vor der Brust und nichts geht mehr.

Darf man dagegen so bleiben, wie man ist, entspannt man sich und zieht wohlmeinende Ratschläge eher in Erwägung. Eventuell ist ja doch etwas dran an dem, was die PartnerIn von einem möchte.

Es kommt vor, dass man sich sogar weiterentwickeln und bestimmte Denk- und Verhaltensweisen ablegen möchte. Aber vorschreiben lässt man sich das ungern.

Das gilt natürlich auch für Sie. Sie können Ihre PartnerIn so viel kritisieren, wie Sie wollen. Oder Sie gehen, wenn es Ihnen richtig erscheint, mit einem »Lass sie/ihn doch!« über ihre/seine Schwächen hinweg.

Wen habe ich da eigentlich alles mitgeheiratet?

Wir wollen jetzt nicht mit irgendwelchen abgedroschenen Schwiegermutter-Witzen anfangen. Aber die Familie Ihres Liebsten ist oft schon eine Herausforderung. Familien an sich sind stets sehr komplizierte Beziehungsgeflechte: teilweise verfeindet, teilweise gleichgültig zueinander und gelegentlich verstehen sich Einzelne richtig gut miteinander.

Und dann noch die ganze Tradition über Generationen, die da mit dranhängt! Familiengeheimnisse, über die nicht gesprochen werden darf, dramatische Geschehnisse, die bei jeder passenden und unpassenden Gelegenheit aufgewärmt werden. Nicht selten auch Traumata durch Kriege, Selbstmorde, Alkoholismus und Gewalt. Nicht zu vergessen die lustigen Geschichten, die Erfolge, der

Stolz, die Freuden, die Lieblinge, aber auch die schwarzen Schafe.

Plötzlich hat man nicht mehr allein mit der eigenen Herkunftsfamilie zu tun, sondern auch noch mit der seiner PartnerIn. Man wird den Verwandten vorgestellt, von ihnen taxiert, getestet und gewogen. Danach ist man entweder aufgenommen, abgelehnt oder stillschweigend ignoriert. Eine eigene Familie ist schon schwer genug zu ertragen, aber dann noch die des Partners auszuhalten, das bedarf ausreichender Toleranz!

Jedenfalls birgt das Ganze eine Menge potenziellen Zündstoff. »Du bist wie deine Mutter«: Dieser Satz dürfte zu den drei unbeliebtesten Aussagen gehören, die Sie Ihrer Frau mitteilen können. Je nachdem, wie diese denkt, antwortet sie: »Du auch« oder »Ja, und darüber kannst du froh sein!« Oft wird sich aber eine Diskussion vorerst erübrigen, weil Ihre Frau wutschnaubend den Raum verlassen hat.

Wie geht man möglichst gelassen mit der ganzen »buckligen« Verwandtschaft, der Mischpoke, Bagage oder Sippschaft um? (Sie sehen, dass die Sprache das schwierige Verhältnis zur Familie getreu widerspiegelt.)

Vielleicht ist Abstand die richtige Strategie. Wer zwingt Sie, alle Feiertage im Kreise beider Familien zu verbringen? Wer bestimmt, wie oft und wie lange Sie mit Ihrem Schwiegervater zu telefonieren haben? Und wer schreibt Ihnen vor, wie Sie sich ihm gegenüber zu verhalten haben? Na, kommen Sie drauf? Richtig: Sie allein!

Es gibt keine allgemeingültigen Regeln für den Umgang mit den eigenen oder den angeheirateten Verwandten. Und wenn es solche gäbe, dürfen Sie sich darüber hinwegsetzen. Gestalten Sie den Umgang mit Ihrer Schwiegerfamilie, aber auch mit Ihrer eigenen, so, wie Sie es für richtig halten. Lassen Sie sich kein schlechtes Gewissen machen. Ihre unveräußerlichen Rechte gelten auch in Bezug auf die Familien.

(Schwieger-)Eltern gewöhnen sich bisweilen nur schwer bis gar nicht daran, dass ihre Kinder mittlerweile erwachsen und damit selbstständig geworden sind. Das heißt, Sie dürfen tun, was Sie wollen. Verhalten Sie sich bitte auch so. Sonst bestätigen Sie womöglich die elterliche Fehlannahme.

Halten Sie so viel oder so wenig Abstand, wie es für Sie stimmt. Ob Sie Stress mit Ihren (Schwieger-)Eltern haben, hängt weniger von denen als von Ihren Gedanken ab. Nicht Ihre Verwandten nerven Sie, sondern Ihre Meinung über diese. Klar, manche Menschen sind schwer zu lieben. Aber das müssen Sie auch nicht. Hauptsache, Sie lieben Ihre PartnerIn.

Und was, wenn Sie sich als Paar über den Umgang mit den jeweiligen Herkunftsfamilien nicht einig sind? Sie wissen doch: Meinungsverschiedenheiten sind normal. Sie müssen sich nicht einig werden über Ihre Anverwandten. Je weniger Vorschriften Sie sich gegenseitig hinsichtlich Mama, Papa, Bruder, Schwester und so weiter machen, desto besser. Jeder darf jeden toll, blöd oder geht so finden.

Am besten, Sie stellen sich wieder die drei Kernfragen, die Sie bereits kennen:

- Geht es mich wirklich etwas an? (z. B. wenn mein Mann wenig Kontakt zu meinen Eltern will)

- Ist es mir wirklich wichtig? (z. B. wenn meine Frau nicht mit meinem Bruder redet)
- Ist es mir wichtiger als unsere Beziehung?

Spüren Sie Ihre Muss-, Sollte- und Darf-nicht-Gedanken auf, und finden Sie entspannte Alternativen. Überprüfen Sie alle absoluten Forderungen, die an Sie gerichtet werden. Nehmen Sie die irrationalen Äußerungen der anderen nicht so ernst bzw. übersetzen Sie sie ins Rationale. »Du bist eine schlechte Schwiegertochter, wenn du uns so selten besuchst« soll heißen: »Wir wünschen uns mehr Kontakt zu dir.«

»Wenn Mutter pflegebedürftig wird, müssen wir sie aufnehmen« ist mehrdeutig. Fragen Sie Ihre PartnerIn, was Sie meint. Hat sie den Wunsch, sich um ihre Mutter zu kümmern? Oder fühlt sie sich nur dazu verpflichtet? Glaubt Sie, über Ihren Kopf hinweg bestimmen zu können? Haken Sie nach, bevor Sie Stellung beziehen.

In vielen Fällen helfen Ihnen wahrscheinlich schon gelassene Gedanken wie: »Lass sie doch sagen, was sie wollen«, »Na, der/die ist ja komisch drauf«, »Was geht es mich an?«, »Es gibt Schlimmeres« oder »Ich mache da jedenfalls nicht mit.«

Und noch eine andere Strategie, die bei unseren Coachingklienten schon Wunder bewirkt hat, möchten wir Ihnen ans Herz legen. Tun Sie so, als sei X (die schwierige Person in Ihrer Verwandtschaft) Ihre beste FreundIn. Nein, sie ist nicht Ihre beste FreundIn, aber tun Sie einfach so. Dieser würden Sie vieles durchgehen lassen, weil Sie wissen, dass sie zwar irgendwie neurotisch, verrückt, unberechenbar und schwierig, im Kern jedoch ein herzensguter, lieber Mensch ist.

Wenn Sie das konsequent durchhalten – Sie müssen es ernst meinen, sonst funktioniert es nicht! –, wird es für die andere Seite sehr, sehr schwer, sich Ihrer Charmeoffensive zu entziehen. Sie bekommen dann bald ein anderes Problem:

Was machen Sie mit einer Person, die plötzlich so nett zu Ihnen wird, dass es Ihnen schwerfällt, sie innerlich abzulehnen?

Meine Freundinnen, deine Freunde

Nicht nur die Herkunftsfamilie spielt jetzt eine Rolle in Ihrem Leben, sondern auch noch ihre/seine FreundInnen.

Auch diese heiraten Sie ein Stück weit mit. Das heißt aber nicht, dass Sie ihnen hilflos ausgeliefert sind.

Im günstigsten Fall erweitert sich Ihr Freundeskreis. Ihr Leben wird bereichert. Ohne sich besonders anstrengen zu müssen, sind Sie mit einem Mal mit einer Reihe zunächst Unbekannter per Du.

Aber nicht immer sind Ihnen diese Menschen herzlich zugetan. Es kann manchmal – übrigens auch von Ihrer Seite aus – eine ganze Portion Eifersucht mit im Spiel sein. Vielleicht war Ihre Partnerin längere Zeit Single und hatte viel Zeit für ihre Mädels bzw. Jungs. Dann sind Sie aufgetaucht, und plötzlich wendet sich das Blatt. Kein Wunder, dass nicht jede beste FreundIn gut auf Sie zu sprechen ist.

Umgekehrt fragen Sie sich eventuell, welcher Art die Beziehung Ihrer Partner zu diesem oder jenem »dicken« Freund war, bevor Sie die Bühne betreten haben. Ist da vielleicht früher mal was gelaufen? Warum hat sie diesen versonnenen Blick, wenn sie von Jens spricht? Sind

Sie womöglich nur die zweite Wahl, weil der nicht wollte? Solche Überlegungen können einem schon mal durch den Kopf gehen.

»Wo du hingehst, da will auch ich hingehen«, so denkt man vielleicht am Anfang, und bei manchen funktioniert das sogar ganz gut. Keine Angst, das muss aber nicht so sein. Nur weil Ihre PartnerIn mit bestimmten Leuten befreundet ist, ist das nicht zwangsläufig auch bei Ihnen der Fall. Jede/r hat verschiedene Seiten, die sich mit unterschiedlichen Personen leben lassen.

Ist doch eigentlich auch prima, wenn Ihr Partner mit seinem Freund ausgiebig über Fußball diskutieren kann bzw. Ihre Partnerin mit ihrer besten Freundin stundenlang über die neuesten Modetrends (wir wollen hier keine Rollenklischees fördern: Es kann durchaus sein, dass die Freunde über Mode und die Freundinnen über Fußball reden). Sie können die Zeit nutzen, um etwas allein oder mit Ihren FreundInnen zu unternehmen.

Das Einzige, was Ihnen dabei im Weg sein könnte, ist die Dreierhose. Sie kennen vielleicht dieses spezielle Kleidungsstück mit drei Hosenbeinen, in dem zwei Personen quasi zusammengebunden werden und nun versuchen sollen, trotzdem so schnell wie möglich ins Ziel zu laufen. Das kann – ähnlich wie Sackhüpfen – eine ziemliche Gaudi sein, aber nur, wenn es ein Spiel bleibt. Wenn Sie tatsächlich glauben, als Paar in Zukunft alles zusammen machen und miteinander teilen zu müssen, wird Ihre Dreierhose nämlich in Nullkommanichts zur Zwangsjacke. Sie beschneiden nicht nur ihre Freiheit, sondern nehmen sich die Chance, Interessen über die Partnerschaft hinaus zu pflegen.

Der Satz »Die Freunde meiner Freunde sind auch meine Freunde« (Eric Rohmer) ist also nicht als

Handlungsanleitung für gelassen Liebende zu verstehen. Freiheit ist eine Glücksstrategie. Lassen Sie sich lieber gegenseitig die Freiheit, Ihre unterschiedlichen Kontakte zu pflegen. Freuen Sie sich, wenn es gelingt, daraus (teilweise) einen gemeinsamen Freundeskreis zu schmieden. Aber gestatten Sie sich auch, mit den jeweiligen FreundInnen Ihrer PartnerIn nichts anfangen zu können.

Von 9 bis 5 und von 5 bis 9

Zum Ehealltag gehören die Berufe. Im besten Fall sind die Jobs Berufung und nicht nur zum Geld verdienen. Wobei auch die leidenschaftlich ausgeübte Tätigkeit Probleme in der Partnerschaft hervorrufen kann, wenn man nicht rechtzeitig gegensteuert.

»Hilfe, ich habe einen Workaholic geheiratet«, diesen Stoßseufzer möchten Sie bestimmt nicht hören. Ein anderer wäre: »Was ist dir eigentlich wichtiger: dein Beruf oder ich?« Wenn Ihr Liebster beim Ausgehen noch eben mal seine geschäftlichen Mails checkt, klingeln die Alarmglocken.

Alles ist verhandelbar. Verabreden Sie, welche Regeln für Sie im Verhältnis zu Ihren Berufen gelten sollen. Alles, was Sie beide in Ordnung finden, kommt als Lösung in Betracht.

Aber passen Sie auf, dass Sie nicht zu einem dieser Paare werden, die täglich nur noch durchschnittlich acht Minuten miteinander reden. So eine Entwicklung beginnt schleichend und endet mit gegenseitiger Entfremdung.

Letztlich ist es eine Sache der Prioritäten. Am besten wäre es, Sie hätten das geklärt, bevor Sie ein Paar werden.

Manche Menschen geben sich in der »Werbephase« leider ganz anders als im Alltag. Sie ziehen eine große Schau ab, finden es aber selbstverständlich, nach der gelungenen Eroberung zu ihrem eigentlichen Ich zurückzukehren. Das erweist sich schnell als Verliererstrategie.

Es ist okay, dem Beruf Vorrang einzuräumen. Aber das sollten Sie Ihrer PartnerIn von vornherein sagen. Sonst wird daraus nur ein Dauerproblem. Sie hofft, ihn zu »bekehren«. Er denkt überhaupt nicht daran, seine Karriere zu »opfern«.

Probleme im Beruf können die Beziehung auf die unterschiedlichste Art belasten. Viele bringen den Stress mit nach Hause. Sie erzählen noch einmal in wörtlicher Rede, was sich am Arbeitsplatz zugetragen hat. Der ungeliebte Chef oder Kollege wird so zum Dauergast in Ihrer Partnerschaft. Wollen Sie das wirklich?

Abhilfe könnten Sie schaffen, indem Sie Zeiten reservieren, in denen niemand wichtiger ist als Ihr Lieblingsmensch. Arbeitgeber, Klienten und Bekannte dürfen sich einfach hinten anstellen.

Erinnern Sie sich an die ersten Dates mit Ihrer PartnerIn? Wären Sie auf die Idee gekommen, ihr stundenlang zu erzählen, dass das Röhrengeschäft mit Rumänien viel schwieriger ist als gedacht? Und dass Ihre Chefin, Frau Mülheim-Ruhr, eine ziemliche Zimtzicke sein kann, weil sie nämlich blablablabla? Nicht wirklich abendfüllend, oder? Vor allem dann nicht, wenn es immer wieder dieselben Geschichten sind.

Das soll nicht heißen, dass die Arbeit zum Tabuthema werden muss (obwohl manchmal sogar das eine ganz gute Idee wäre). Aber ein bisschen mehr Zen im Alltag ist durchaus angebracht. Üben Sie sich darin, in der

Gegenwart zu leben. Tun Sie, was Sie tun, ohne mit den Gedanken abzuschweifen. Das bedeutet, dass Sie bei der Arbeit nicht über Unstimmigkeiten in der Beziehung nachdenken und in der Freizeit keine Jobprobleme wälzen. Sie werden feststellen, dass das am Anfang nicht so einfach ist, mit zunehmender Übung aber leichter wird.

Wenn Sie vollständig bei der Sache sind, haben Sie gar keine Zeit, in Gedanken woanders zu sein. Diese konzentrierte und zugleich entspannte Aufmerksamkeit kommt sowohl Ihrer Arbeit als auch Ihrer Partnerschaft zugute.

Meditation ist leider noch nicht so selbstverständlich wie Zähneputzen. Aber wenn Sie meditieren können und gewöhnt sind, Ihre Gedanken kommen und gehen zu lassen, fällt es Ihnen leichter, eventuellen Ärger in der Firma zu lassen und den Abend mit Ihrem Lieblingsmenschen unbelastet zu genießen.

Vielleicht entwickeln Sie ein regelrechtes Feierabendritual, bei dem Sie von Arbeit auf Partnerschaft umschalten. Für einige sind das fünf Minuten, die sie, noch im Auto sitzend, erst mal abschalten. Für andere hat sich ein Sprung unter die Dusche gleich nach dem Nachhausekommen bewährt. Probieren Sie aus, was für Sie am besten passt.

Nur wer sich entspannen kann, kann auch effizient arbeiten. Nur wer weiß, wann es genug ist, braucht keinen Burn-out zu befürchten. Und nur wer die Arbeit Arbeit sein lassen kann, wird seine Liebesbeziehung frisch halten.

Vergeben, nicht vergessen

In jeder langjährigen Partnerschaft gibt es Dinge, die schiefgelaufen sind, manchmal sogar furchtbar schief.

Wie lässt sich damit umgehen, ohne dass die Beziehung dauerhaft darunter leidet?

Vergessen ist die eine Möglichkeit. Menschen, die ihren Fokus auf die positiven Seiten jeder Sache richten und ein aktives, erfülltes Leben führen, haben keine Zeit, sich mit Kränkungen oder Enttäuschungen lange aufzuhalten. Sie lernen daraus, und machen ein Häkchen hinter die Sache, statt immer und immer wieder darüber zu klagen, was ihnen an Schlechtem in der Partnerschaft und überhaupt widerfahren ist. Wer es so hält, hat die Chance, dass die Lebensbilanz am Ende positiv ausfällt.

Aber was ist, wenn man nicht einfach vergessen kann? In diesem Fall könnte der erste Schritt darin bestehen, radikal zu akzeptieren, dass wir alle Fehler machen und verletzlich sind. Die Welt ist nun einmal so gemacht, dass ständig vieles geschieht, was wir nicht mögen.

Dass wir nicht mit allem einverstanden sind, kann ja auch etwas Gutes haben. Aber dann sollte man nicht nur jammern und klagen, sondern aktiv etwas ändern. Hätte es nicht zu allen Zeiten Menschen gegeben, die sich mit den Missständen nicht abfinden wollten, gäbe es heute in noch viel stärkerem Maß Sklaverei, Frauenunterdrückung und Rassismus.

Sollten Sie also zu dem Ergebnis kommen, dass Ihre Partnerschaft keine (mehr) ist, ziehen Sie Konsequenzen. Noch vor circa 50 Jahren war eine Scheidung nicht wirklich vorgesehen. Die Gesetze ließen sie nur unter erschwerten Umständen zu, und die Kirche gar nicht. Es drohte einem die Hölle auf Erden und das Fegefeuer in der Ewigkeit.

Diese Zeiten sind zum Glück vorbei.

Was Sie akzeptieren, vergeben und vergessen wollen und was nicht, bestimmen Sie.

Die erste Frage ist, ob Sie Ihrer PartnerIn vergeben wollen. Solange Sie dazu nicht bereit sind, ist es ausgeschlossen. Machen Sie in einer stillen Stunde eine einfache Rechnung auf: Was haben Sie davon, nachtragend zu sein? Was ist daran positiv, was negativ? Und welche positiven und negativen Folgen hätte die Vergebung für Sie? Denken Sie über die Vor- und Nachteile gründlich nach. Was überwiegt?

Was macht es Ihnen so schwer oder gar unmöglich, zu vergeben? Welche Bedeutung hat das Fehlverhalten Ihrer PartnerIn für Sie? Erinnert es Sie an etwas, das Ihnen andere Menschen in der Vergangenheit angetan haben? Wäre es ohne Ihre Vorgeschichte weniger schlimm?

Falls Sie zu dem Ergebnis kommen, dass es sich für Sie lohnen würde, zu vergeben, bleibt die Frage: Wie geht das? Wie vergibt man?

Eine große Hilfe dabei ist es, sich nicht als Opfer zu sehen. Die Opferrolle macht hilflos. Sie wird den Tatsachen auch nicht immer gerecht, schon gar nicht in einer Beziehung. Wer hat sich Ihre PartnerIn ausgesucht? Wer hat alle Warnsignale ignoriert? Wer hat geglaubt, keine bessere Person finden zu können? Wer ist trotz der offensichtlichen Probleme so lange an ihrer Seite geblieben? Wer hat durch sein Denken und Handeln direkt oder indirekt zu dem Fehlverhalten beigetragen?

Mit den Fragen versetzen Sie sich in die Lage, ihre aktive Rolle in dem unguten Spiel zu begreifen. Nun ist allerdings bedeutsam, sich nicht selbst die Schuld zu geben. Vermeiden Sie die Schuldfrage. Es steht niemand vor

Gericht, weder Sie noch Ihre PartnerIn. Die Zusammenhänge zu verstehen ist viel entscheidender als Schuld zu verteilen.

Die Einsicht in die eigenen Anteile an bestimmten Ereignissen erleichtert den Umgang mit Verletzungen. Man erkennt, wie wenig ausgeprägt die eigenen Fähigkeiten manchmal sind, für sich selbst zu sorgen oder sich zu schützen. Das kann sehr heilsam sein. Die anderen halten einem nur den Spiegel hin. Wenn man sich das eingesteht, selbst wenn es im ersten Moment unangenehm ist, und dazulernt, wächst die Zuversicht: »Das passiert mir nicht noch einmal!«

Ob man sich und anderen vergeben kann, hängt in erster Linie vom Denken ab. Beschäftigt man sich überhaupt damit? Wie oft? Täglich, stündlich, andauernd? Dramatisiert man die Sache? Macht man sie doppelt, dreifach, hundertmal schlimmer als sie ist? Redet man sich ein, deswegen nie wieder richtig glücklich sein zu können? Übertreibt man die Folgen? Stellt man absolute Forderungen (muss, sollte, darf nicht) an sich oder die PartnerIn?

In diesem Zusammenhang ist die Frage entscheidend, wie man seine Geschichte erzählt: als Abfolge von Unfällen und Erlittenem oder eher als etwas, woraus man gelernt hat, was einen stärker gemacht hat, was einem sehr geholfen hat, es in Zukunft besser zu machen. Häufig erwächst aus einem Nachteil ein Vorteil. Suchen Sie ihn. Was ist der mögliche Gewinn? Worin könnte er zu sehen sein?

Die Unfähigkeit, vergeben zu können, ist oft damit verbunden, ausschließlich die Schwächen der anderen zu sehen. Überlegen Sie sich einmal, wer unter Ihnen zu leiden hatte. Wem haben Sie Unrecht getan? Was haben Sie in Ihrem Leben falsch gemacht? Die eigenen Fehler aufzudecken macht demütig. Wir brauchen alle Vergebung. Niemand ist frei von Fehlverhalten. Jeder hat anderen Menschen wehgetan. Je mehr man das vergisst und in eine selbstgerechte Anklägerrolle verfällt, desto hartherziger und unnachsichtiger behandelt man seine Mitmenschen.

Wir haben weiter oben bereits hervorgehoben, wie wichtig die Selbstliebe für eine glückliche Partnerschaft ist. Nehmen Sie sich selbst mit allen Ihren Stärken und Schwächen an. Dann können Sie wahrscheinlich auch die Qualitäten Ihres Lieblingsmenschen mehr schätzen und seine Unzulänglichkeiten verschmerzen.

Zum Glück sind Fehler, Verletzungen, Kränkungen und unangemessenes Verhalten nur ein Teil des Lebens. Daneben stehen Freundlichkeit, Unterstützung, Zuwendung und Liebe. Wer das erkennt und das gesamte Spektrum des Lebens im Auge behält, wird eher die Kraft aufbringen, sich und anderen zu verzeihen und sich wieder erfreulicheren Dingen zuzuwenden.

3. Probleme rund um Macht, Sex und Geld

An Macht, Sex und Geld sind schon viele gescheitert: Gurus, KönigInnen, Weltstars, PolitikerInnen und KardinälInnen (ups, kann gar nicht sein, denn die katholische Kirche ist ja immer noch ein reiner Männerverein).

Bei diesen drei Themen ist Schluss mit der Ökologie, der Bergpredigt, dem Amtseid und den guten Vorsätzen fürs neue Jahr.

Sie sind bestens geeignet, auch Partnerschaften zu ruinieren. Bei Macht und Geld gelassen zu bleiben mag vielleicht noch gehen. Aber bei Sex? Schließt sich das nicht aus? Wir werden sehen.

Beginnen wir mit der Machtfrage.

Wer hat die Hosen an?

Wussten Sie, dass es noch bis Mitte der 1960er-Jahre in Deutschland als unschicklich galt, wenn Frauen Hosen trugen? Schülerinnen durften dies nur im kalten Winter wagen, und es konnte passieren, dass eine Frau im Hosenanzug nicht in eine edle Hotelbar hineingelassen wurde. Wer damals die Hosen anhatte, war demnach keine ernst gemeinte Frage.

Das ist zum Glück vorbei. Aber um die Macht wird gleichwohl noch heftig gestritten, nicht zuletzt in Liebesbeziehungen. Und das Bedürfnis, Macht auszuüben, ist selbstverständlich nicht geschlechtsgebunden.

Der US-amerikanische Anwalt und Autor Gerry Spence lässt in seinem empfehlenswerten Buch »Argumentiere und gewinne« keinen Zweifel daran, welche Auswirkungen Machtallüren auf das Liebesglück haben. Alle Versuche, Macht auszuüben, seien Angriffe auf die Beziehung, stellt er fest. In dem Maße, wie sich der andere unterwerfe, verliere man; denn der Sieger im Ehestreit sei nie der Sieger! Besser kann man es nicht sagen.

Kontrolle ist das Gegenteil von Liebe. Trotzdem gibt es immer wieder Menschen, die glauben, es könne funktionieren, andere dauerhaft zu unterdrücken. Und etliche halten sogar für möglich, dass die Unterjochten ihre Beherrscher lieben würden. Die Geschichte zeigt uns etwas anderes. Gehorsam ist vorübergehend. Wer zu etwas gezwungen wird, hört nicht auf, den Moment abzupassen, wo er fliehen oder sich rächen kann. Und dieser Moment kommt garantiert. Das mag sich drastisch anhören, aber es ist so. Und es gilt ebenso in Beziehungen. Liebe werden nur die Menschen bekommen, die fähig und willens sind, Liebe zu geben.

Diejenigen, die meinen, andere einschüchtern zu müssen, erliegen einem folgenschweren Irrtum. Sie nehmen an, nur glücklich sein zu können, wenn andere nach ihrer Pfeife tanzen, und sehen nicht, dass sie sich lediglich Feinde schaffen.

So gesehen kann jeder, der andere unterdrückt, einem schon fast wieder leidtun. Es ist immer eine Position der Schwäche, auch wenn es auf den ersten Blick nicht so aussieht.

Auf der anderen Seite macht auch die Person, die sich unterdrücken lässt, einen gravierenden Fehler. Sie fühlt sich ohnmächtig und verleiht so anderen Macht über sich. Das ist – abgesehen von Situationen unmittelbaren Zwangs – unbegründet.

Oft wurde Frauen eingeredet, dass es erstrebenswert sei, sich einen strahlenden Helden zu suchen (»Ich Tarzan, du Jane«). Einen, der stark, mächtig und unerschrocken ist und alle Angreifer plattmacht. Der Denkfehler dabei zeigt sich, wenn der »mächtige Held« dazu übergeht, auch alle »Angriffe« seiner »unbotmäßigen« Frau zu bekämpfen.

Macht korrumpiert. Absolute Macht korrumpiert absolut. Darum muss sie geteilt werden. Aber selbst partnerschaftlich orientierte Menschen leiden gelegentlich unter Anwandlungen, die alleinigen Bestimmer sein zu wollen. Machen Sie sich daher bewusst, wenn Sie in Gefahr sind, sich wie ein kleiner Diktator/eine kleine Diktatorin aufzuführen. Halten Sie inne, bevor Sie sich Sätze sagen hören wie: »Ich verlange, dass du das tust«, »Das verbiete ich dir«, »Wir machen das so, basta« oder »Wer das Geld nach Hause bringt, bestimmt«.

Versuchen Sie nie, sich Zuneigung durch Unterwerfung zu erkaufen. Das funktioniert nicht. Beziehungen, die auf Befehl und Gehorsam basieren, haben mit Liebe nichts zu tun. Auch dann nicht, wenn die Befehle »nett« verpackt werden.

Macht ist keine Frage der Muskelstärke. Die »Kraft der inneren Maus«, wie es Janosch so schön formuliert hat, entscheidet. Thematisieren Sie offen Dominanzgehabe. Vereinbaren Sie, sich gegenseitig darauf hinzuweisen, wenn einer im Begriff ist, den anderen kontrollieren zu wollen. Nehmen Sie entsprechende Kritik ernst. Erforschen Sie die Wünsche, die hinter dem Machtanspruch stecken.

Respektieren Sie die Bedürfnisse des anderen, auch wenn diese Ihren eigenen zuwiderlaufen. Sie müssen sie nicht erfüllen, sollten diese aber verstehen. Finden Sie Kompromisse. Das scheint vielleicht auf den ersten Blick mühsam zu sein, aber es ist der einzige Weg zu einem erfreulichen Zusammenleben.

Und sollte das partout nicht klappen, obwohl Sie alles versucht haben, seien Sie konsequent: Wo keine wirkliche Partnerschaft möglich ist, hilft nur die Scheidung.

Gemeinsam kommen: über Stress beim Sex

Bei kaum einem anderen Thema wird so viel gelogen wie beim Sex. Wenn 80-Jährige behaupten, sie bräuchten »es«

nur noch dreimal am Tag, muss man das nicht unbedingt ernst nehmen. Hauptsache viel und möglichst bizarr: Dann werden die Bekenntnisse über Feucht- und andere Gebiete gedruckt.

Von der früheren Prüderie, als über das »Untenrum« verschämt bis gar nicht gesprochen wurde und Frauen vor der Hochzeitsnacht den Rat bekamen, stillzuhalten und an das Vaterland (!) zu denken, scheint nichts mehr übrig zu sein.

Das ist gewiss nicht zu bedauern. Aber die Gesellschaft ist von einem Extrem ins andere gekippt. Heute wissen wir genau, welche C- und D-Promis es wie am liebsten machen, wie der Blowjob gelingt und wo der G-Punkt liegt. Das Peinlichste überhaupt ist, zu wenig oder überhaupt keinen Sex zu haben.

Die Verlogenheit beim Thema Sex spiegelt sich auch in den entsprechenden Umfrageergebnissen wider. Oder würden Sie ehrlich auf die Frage antworten: Wie oft und mit wie vielen Menschen hatten Sie bereits Sex? Falls ja, herzlichen Glückwunsch zu Ihrer Selbstsicherheit!

Seriöse Forschung über die menschliche Sexualität ist sehr selten. Umso stärker ist das Thema in Wochenzeitschriften verbreitet, die sich häufig auf dubiose Sexualforscher oder unseriöse Studien beziehen.

Derlei Informationen infrage zu stellen und grundsätzlich nicht zu glauben, scheint derzeit die beste Strategie zu sein. Daraus Schlüsse über sich und die PartnerIn zu ziehen ist sinnlos.

Lassen Sie sich von der vorgespielten Offenheit nicht täuschen: Dieselben Menschen, die zu Hause Pornomagazine über die ganze Wohnung verteilen oder im Freundinnenkreis die körperlichen Vorzüge der Chippendales bekreischen, können richtig schüchtern werden, wenn es um den eigenen, höchstpersönlichen Sex geht. Dabei ist ein offenes, unverkrampftes Gespräch in Liebesbeziehungen die einzige Möglichkeit, das zu bekommen, was Sie sich wünschen, und gleichzeitig herauszufinden, wovon Ihr Lieblingsmensch träumt.

Gar nicht so einfach, sich von all den Bildern und Vorstellungen anderer freizumachen, wie guter Sex zu sein hat, wie dabei zu stöhnen ist, wer wo liegen oder stehen muss und wer wie bestückt sein sollte.

Sex ist – wie eigentlich alles in unserer Kultur – zur Leistungsschau geworden. Wer meint, da nicht mithalten zu können, soll doch Viagra oder (jetzt neu!) Flibanserin schlucken und sich die Brüste oder den Waschbrettbauch überarbeiten lassen. Oder ist eine Schamlippen-Verkleinerung das Mittel der Wahl, falls die Penisvergrößerung nichts gebracht hat?

Dabei wird regelmäßig übersehen, dass die wichtigste erogene Zone das Gehirn ist. Nicht nur Gelassenheit beginnt im Kopf, sondern auch Sex. Denken Sie nur an Ihre Tag- und vor allem Ihre Nachtträume.

Das ABC der Gefühle bestimmt auch den Sex. Irrationale Gedanken machen Stress. Sie sind der Grund für überflüssige Hemmungen und oft auch für Potenzstörungen. Rationale Gedanken fördern ein lustvolles, gesundes Sexleben. Was denke ich, wenn ich mich unzureichend fühle? Was rede ich mir ein, das mir Druck macht? Woran denke ich, wenn ich mich nicht traue? Warum glaube ich, etwas müsse sein? Wie könnte ich denken, um mich frei und entspannt zu vergnügen?

Das Dogma vom gleichzeitigen Orgasmus: Glaubt tatsächlich noch irgendjemand daran? Oder an den Mythos vom vaginalen Orgasmus? Übrigens heißt der sexuelle Höhepunkt zwar Orgasmus, aber mit müssen hat er dennoch nichts zu tun. Und genau das ist das Schöne: Sex ohne Stress und ohne Krampf.

Gelassene Paare haben den besten Sex!

Affären und Nebenbeziehungen

Kann man gelassen bleiben, wenn der Lieblingsmensch fremdgeht? Könnten Sie das? Wollen Sie das? Haben Sie es schon unter Beweis gestellt?

Wie müssten Sie denken, um außer sich zu geraten?

»Das ist der Anfang vom Ende.«

»So eine Demütigung! Das ertrage ich nicht.«

»Ich hab's ja gewusst: Auf Dauer liebt mich niemand.«

»Mit dieser Person erlebt er/sie jetzt alles, was ich mir immer erträumt habe.«

»Diese Schlampe!«

»Der soll meinetwegen in der Hölle schmoren.«

Wie könnten Sie denken, um gelassen zu bleiben?

»Das ist nur eine Sache von Wochen.«

»Ich habe mehr zu bieten und das wird er/sie bald merken.«

»Jede/r hat das Recht, Fehler zu machen.«

»So etwas passiert in den besten Ehen.«

»Das kann mich nicht erschüttern.«

Gelassen bleiben, während der Partner sich mit jemand anderem vergnügt: Heißt das nicht, dass man den anderen gar nicht wirklich liebt? Viele setzen Liebe mit Eifersucht gleich. Aber das ist ein Irrtum. Eifersüchtig wird nur, wer glaubt, unterlegen zu sein und seinen Besitz verteidigen zu müssen.

Woher kommt überhaupt der Anspruch, die/der Einzige sein zu wollen? Mit guten Gründen behaupten einige WissenschaftlerInnen, dass Menschen Monogamie bevorzugen, allerdings nicht selten die serielle Monogamie…

Oben haben wir davon gesprochen, dass Freiraum ein Schlüssel zum gelassenen Lieben ist. Aber bedeutet das, so viel Raum zu ermöglichen, dass er auch andere Liebespartner einschließt? Kann das gutgehen? Oder geht es bei Liebesabenteuern gar nicht um Liebe, sondern »nur« um andere Sexkontakte? Was könnten Sie eher akzeptieren? Dass Ihr/e PartnerIn Sex mit einer anderen Person hat oder tiefe Liebe für diesen Menschen empfindet? Was würde Sie mehr treffen: ein Seitensprung mit einem Mann oder einer Frau?

Ist eine Affäre oder gar eine Nebenbeziehung der schmerzliche Beweis, dass etwas in der Partnerschaft nicht stimmt? Auch das kommt auf die Umstände an. Für einige mag eine Affäre der Beginn der Trennung vom bisherigen Partner sein. Eine Loslösung, die sie sich vielleicht sonst nicht zutrauen. Für andere hat die Leidenschaft für eine neue Person nichts mit ihrer PartnerIn zu tun.

Sollten Sie Seitensprünge dulden? Dürfen Sie fremdgehen? Erwarten Sie von uns bitte keine Antworten darauf. Wir möchten Sie lieber fragen: Wie wollen Sie Ihr Leben leben? Meinen Sie, etwas zu versäumen, wenn Sie die

Gelegenheiten nicht wahrnehmen? Worauf haben Sie sich mit Ihrem Partner geeinigt?

Was ist dagegen einzuwenden, sich von anderen anziehen zu lassen? Ist es nicht etwas Wunderbares, die Schönheit und erotische Ausstrahlung von Männern und Frauen zu bemerken und darauf zu reagieren? Macht es nicht Spaß, sich attraktiv und sexy zu fühlen?

Allerdings sollte man sich über die Risiken von Affären klar sein. Offene Beziehungen können sehr schnell zu verflossenen werden. Man kann leicht die Dynamik unterschätzen. Aus dem »Einmal« wird »Zweimal« und öfter. Und wenn dann noch Liebe dazukommt … Dann fühlt sie sich einsam und tröstet sich. Nun kommt er zurück, aber sie bleibt bei dem anderen … Oder man glaubt, total tolerant zu sein, und merkt plötzlich, dass man doch sehr, sehr nachtragend ist … Oder aus der Nummer im Besenschrank entsteht ein Kind. Das macht es nicht gerade einfacher…

Jeder kann zweifellos mehrere Menschen lieben. Liebe ist nicht exklusiv. In vielen Glaubenssystemen gilt es sogar als erstrebenswert, zu lernen, alle Menschen zu lieben. Wenn es um unsere Kinder, Eltern oder Freunde geht, stellen wir das nicht infrage. Die Liebe wird nicht weniger, wenn wir mehr davon »verteilen«, im Gegenteil.

Was die Sexualität angeht, fällt es vielen wahrscheinlich sogar leichter, andere zu begehren als zu mögen. Sex ist Sex und Liebe ist Liebe. Das kann zusammengehen, muss es aber nicht.

Sicherlich hängt die Anfälligkeit für Affären häufig damit zusammen, dass man sich mit der PartnerIn langweilt, zumindest sexuell. Einige finden es ja auch langweilig, mehrmals zum selben Urlaubsort zu reisen, oder sie verlieren mit der Zeit das Interesse und möchten neue Ziele kennenlernen: »Ägypten haben wir abgehakt«, sagen sie, »nächstes Jahr geht es nach Thailand.« Warum sollte es in Partnerschaften grundsätzlich anders sein?

»Wieso muss ich treu sein?«, denken einige Menschen. Von müssen kann nicht die Rede sein. Nur wenn man die Nachteile wechselnder Beziehungen und die Vorteile einer monogamen Partnerschaft sieht, ist man gerne treu. In der Rational-Emotiven Verhaltenstherapie nennt man die Abwägung aller Gesichtspunkte »hedonistisches Kalkül«. Das passt hier besonders gut.

Ein richtiger Playboy oder ein richtiges Playgirl lässt übrigens keinen Zweifel an seiner Intention (heimliches Fremdgehen ist für Amateure) und macht niemandem Hoffnung auf eine längere, exklusive Bindung. Er/sie bildet sich auch nicht ein, beides gleichzeitig haben zu können: die traute Familie und eine endlose Reihe von Abenteuern.

»Und wenn ich nicht anders kann, wenn die Hormone mit mir durchgehen?« Wie war das noch mal mit dem ABC der Gefühle? Die Körpersäfte bestimmen das Handeln? Ach, nee! Das Denken lenkt das Verhalten. Wenn Sie Affären wollen, dann tun Sie es, aber reden Sie sich nicht heraus!

Es trifft jedoch zu, dass Menschen leicht ihre Fähigkeit überschätzen, Verlockungen widerstehen zu können. Wer beschlossen hat, keine Sahnetorte zu essen, sollte keine vor sich auf den Tisch stellen. Wer treu bleiben will, sollte auf heftige Flirts verzichten und sich nicht in Situationen begeben, in denen es vielleicht zu spät sein könnte, noch aufzuhören. Gelegenheit macht Liebe wahrscheinlicher.

»Glaub' bloß nicht, du seist unersetzbar«, »Ich darf das, aber du nicht«, »Ich mach' sowieso, was ich will«. Geht es gar nicht um Sex, sondern um Macht? Das wird wohl nicht gutgehen. Verhalten Sie sich so, wie Sie es von Ihrem Lieblingsmenschen erwarten. Da wird schon eher ein Schuh (hier: eine lange, glückliche Partnerschaft) draus.

Offen und ehrlich miteinander umzugehen macht den Unterschied. Liebe – wie wir sie verstehen – basiert auf Vertrauen. Dem anderen alles sagen können. Die andere nicht hintergehen. Den Mut haben, auch Dinge zu thematisieren, die schwierig sind. Mit Krisen umgehen und daran wachsen.

Alles ist verhandelbar. Aber zum Verhandeln gehört, die Karten auf den Tisch zu legen: Wie hältst du es mit Nebenbeziehungen? Und wenn »es« passiert ist, reinen Tisch zu machen: »Ja, ich habe mich in einen anderen Menschen verliebt. Ich weiß noch nicht, was daraus wird. Ich will dir nicht wehtun, aber ich will mich auch nicht verleugnen. Wie wollen wir jetzt damit umgehen? Was willst du, was will ich?«

Wie lautet Ihr »Verhaltenskodex«, wenn »es« passiert?

Was haben Sie für diesen nicht besonders unwahrscheinlichen Fall vereinbart? Sie haben noch nie darüber gesprochen? Vielleicht ist jetzt der richtige Zeitpunkt dafür.

Kinder: Die Karten werden neu verteilt

Das Leben mit Kindern kann viel Spaß bereiten. Es lässt sich aber auch für Machtspiele zwischen den Eltern missbrauchen. Wenn man denn will oder es nicht besser weiß.

Wer ist Papas Liebling? Wer ist bei Mama die Nr. 1? Dein Sohn hat schon wieder was kaputt gemacht! Deine Tochter kommt ganz nach dir: leider! Viel Stoff für Neid, Eifersucht, Ärger und Enttäuschung.

Wer nicht weiß, wie Gefühle wirklich entstehen, wer Konflikte nicht offen und konstruktiv austrägt, ist immer in Gefahr, zu manipulieren und mit unfairen Mitteln zu kämpfen. Leider geraten Kinder dann leicht zwischen die Fronten.

Der Mann, der von seiner Frau enttäuscht ist, baut vielleicht seine Tochter als »kleine Prinzessin« auf. Die Frau, die Groll gegenüber ihrem Mann hegt, entwickelt sich vielleicht zur »Supermutti«, bei der sich alles nur noch um die lieben Kleinen dreht.

Wer sitzt im Auto vorne und wer hinten? Wer wird beachtet und wer läuft mit? Wer hat etwas zu sagen und wer wird nicht für voll genommen?

Wenn man da nicht gegensteuert, verdirbt man sich nicht nur den Spaß an seiner Liebesbeziehung, sondern trägt auch das Leid, das aus solch destruktiven Verhaltensweisen entsteht, in die nächste Generation. Kinder, vor allem kleinere, sind noch von ihren Eltern emotional und materiell abhängig und haben kaum Möglichkeiten, sich Manipulationen zu entziehen.

Das Paar, das um die Vorherrschaft in der Beziehung streitet, demonstriert den gemeinsamen Kindern ganz praktisch, wie wichtig es scheint, in der Hackordnung möglichst weit oben zu stehen. Solche Eltern dürfen sich später nicht wundern, wenn ihre Kinder im geeigneten Moment zum »letzten Gefecht« um die Familienführung ansetzen. Sie haben eben nichts anderes gelernt.

Ziehen Sie Ihre Kinder nicht in Ihre Machtspielchen hinein. Am besten, Sie hören ganz damit auf oder fangen nie damit an. Und weisen Sie sich gegenseitig darauf hin, falls Sie den Eindruck haben, der andere sei auf der falschen Spur. Ihre Kinder werden es Ihnen danken.

Was deins ist, ist auch meins; was meins ist, geht dich gar nichts an

Leider gibt es Menschen vom »Stamme Nimm«, die Beziehungen vor allem danach beurteilen, was für sie dabei herausspringt. Geheiratet wird nicht der Seelengefährte, sondern die »gute Partie«. Interessant scheinen vor allem die Menschen, die einem irgendwann nützlich sein können und die man sich deswegen warmhalten muss.

Da der Materialismus bei uns sozusagen Staatsreligion ist, ist diese Einstellung nicht verwunderlich. »Geld regiert die Welt« und viel zu häufig auch alle Verbindungen, die IdealistInnen unbeirrt als intim ansehen. Teilen ist da Fehlanzeige.

Vielleicht kennen Sie dieses rührende Video im Internet mit den beiden Kindern, von denen nur eines ein Sandwich bekommt. Dieses Kind teilt bereitwillig mit dem Kind, das leer ausgegangen ist. Es handelt sich allerdings um einen Werbefilm, der dazu ermuntern will, es den Kindern nachzutun und den Hunger in der Welt abzuschaffen. So weit, so gut.

Jeder, der Kinder hat oder gut kennt, weiß jedoch, dass Teilen für Kinder keineswegs selbstverständlich ist. Es muss, wie alles andere auch, gelernt werden. Erst wenn die Eltern dem Kind vorleben, dass es nur dann etwas abbekommt, wenn es selbst bereit ist, zu geben, und wie viel Freude es machen kann, großzügig zu sein, klappt das. Wer es als Kind nicht begriffen hat, kann glücklicherweise die Erfahrung des Teilens noch lernen und praktizieren.

Vor der Frauenemanzipation hatten Männer vom »Stamme Nimm« es einfacher. Mit der Eheschließung ging das komplette Vermögen der Angetrauten auf sie über. Heute ist das (wenigstens in Deutschland) vorbei.

Rechtlich gilt gegenwärtig, dass der einzige Geldanspruch zur eigenen Verfügung, den nicht verdienende Ehefrauen oder Ehemänner besitzen, sich im Taschengeld erschöpft. Und dieses beträgt 5 Prozent des Nettoeinkommens des verdienenden Partners, ist also recht überschaubar.

Ansonsten ist zwar der Ehepartner finanziell zu unterhalten, aber Sie ahnen es schon: Das Zur-Verfügung-Stellen von Kost, Logis, Bekleidung und so weiter reicht aus (§ 1360 a BGB). Haushaltsgeld dient dem Familienunterhalt und wird nur treuhänderisch verwaltet. Nun ja, das Bürgerliche Gesetzbuch stammt eben von 1900, auch wenn es selbstverständlich regelmäßig reformiert wird. Aber ein Hauch von grauer Vorzeit weht einem immer noch entgegen, sobald man sich mit dem Zivilrecht befasst.

Das Familienrecht – als Teil des Bürgerlichen Gesetzbuches – regelt nur, was vor Gericht einklagbar sein soll. Es legt nicht die Grundlagen einer glücklichen Ehe fest. Hier sind Sie selbst gefordert.

Wir haben im Kapitel »Die private Eurozone« die Verteilung des Geldes in der Partnerschaft bereits unter dem Aspekt »Streiten will gekonnt sein« behandelt und unser Credo, offen und ehrlich zu sein, miteinander über alles zu reden und Kompromisse zu schließen, bekräftigt.

Woran liegt es, dass es einigen so schwerfällt, gerecht zu teilen und nicht alles für sich zu beanspruchen? Die Erziehung ist nur die vordergründige Ursache. Letztlich sind es wieder die unvernünftigen Gedanken. Wer glaubt, nur glücklich werden zu können, wenn er oder sie sich möglichst viele Besitztümer unter den Nagel reißt, wird sich vom Teilen nur schwer überzeugen lassen.

Dabei könnten wir es doch eigentlich alle wissen: Geld macht nicht glücklich. Es macht reich, sonst nichts. Über einen Grundbedarf hinaus trägt es nicht zur Zufriedenheit bei, sagen uns die SozialpsychologInnen.

Wie kann die Lösung aussehen? Bewusstheit und Umdenken. Wenn man merkt, dass man dabei ist, das ganze Geld und das gesamte Eigentum zu sich herüberzuschaufeln, ist es besser, innezuhalten und sich zu fragen: Was denke ich mir eigentlich dabei? Was genau geht mir durch den Kopf? Was will ich wirklich? Wovor habe ich Angst? Entsprechen meine Gedanken den Tatsachen? Helfen sie mir, mich so zu fühlen, wie ich mich fühlen möchte? Tragen sie dazu bei, meine Partnerschaft zu fördern? Helfen sie mir, gelassen zu lieben?

V. Gelassen lieben – ein Leben lang

Die beste Grundlage einer Beziehung sehen wir darin, dass jeder für sich glücklich, gelassen und freundlich ist. Wenn sich zwei Menschen auf dieser Basis zusammenschließen, entsteht ein Synergieeffekt. Das Ganze wird größer als die Summe seiner Teile. Aus der Partnerschaft wird eine Wachstumsbeziehung, die zeitlich keine Grenzen kennt. Das Geheimnis, wie man ein Leben lang – oder gar über viele Existenzen hinweg? – ineinander verliebt bleibt, die Liebe sogar immer stärker wird, enthüllen wir jetzt im Schlusskapitel.

Ist das Ganze größer als die Summe seiner Teile?

Ja, aber nur wenn man es, möglichst von Anfang an, richtig anstellt. Kein vernünftiger Mensch wählt eine PartnerIn, mit dem/der alles schwieriger ist, als wenn man Single bleibt. Das Leben ist schon kompliziert genug. Warum die Sache noch schwieriger machen? Deshalb sucht man sich sinnvollerweise eine Person, mit der vieles leichterfällt, alles mehr Spaß bereitet und etliches interessanter und bunter wird.

Gleichzeitig sorgt man dafür, dass man auch unabhängig vom anderen ein gutes Leben lebt. Durch die

Anwendung des ABCs der Gefühle ist man emotional befreit und in der Lage, sich selbst glücklich zu machen. Man braucht niemand anderen dazu, auch keinen Partner. Man wartet nicht mehr auf eine Lichtgestalt, die das eigene Dasein endlich lebenswert macht. Das ist die Grundlage der emotionalen Freiheit, die jedem Mensch mitgegeben wurde, derer man sich allerdings bewusst werden muss.

Andererseits sind Menschen soziale Wesen, und sehr viele träumen davon – oder haben ihren Traum bereits verwirklicht –, mit anderen Menschen befriedigende Beziehungen einzugehen. Natürlich ist jede/r anders. Es gibt auch glückliche EinsiedlerInnen, eben weil nicht die Umgebung das Innenleben bestimmt, sondern man selbst mit seinen Überzeugungen.

Trotzdem weiß man aus der Glücksforschung, dass die überwiegende Mehrheit der Menschen sich in guter Gesellschaft glücklicher fühlt als allein. Und das Leben zu zweit kann ganz besonders zum Glück beitragen. Menschen, die man liebt, sind ein Grund, sich häufig schöne Gedanken zu machen.

Hinzu kommen die vielen positiven Anregungen, die man im Zusammenleben mit seinem Lieblingsmenschen erhält. Stimmt die Beziehung, regt man sich gegenseitig an und nicht auf!

Man muss allerdings bereit sein, sich inspirieren zu lassen, und darf nicht darauf bestehen, alles jahrelang im selben Trott erledigen zu wollen. Sonst klappt es nicht mit dem Frischekick.

Geht es Ihnen auch manchmal so? Ihr Partner kommt nach Hause und hat eine Entdeckung gemacht. Vielleicht ist es ein Buch oder ein Film, ein Restaurant, ein Park oder eine Idee. Er ist Feuer und Flamme, und Sie können an der

Entdeckerfreude teilhaben und finden etwas, das Sie allein nie aufgespürt hätten. Falls Sie jetzt denken »Das ist ewig nicht mehr passiert«, seien Sie es, die den Anfang macht. Begeistern Sie Ihre PartnerIn mit etwas Neuem.

Zu zweit kann man auch eher verhindern, dass man so schrullig wird, wie es bei Alleinlebenden geschehen kann.

Hin und wieder einen freundlichen Hinweis zu bekommen, falls man sich einen missmutigen Gesichtsausdruck, ein hysterisches Husten oder eine sektiererische Meinung zugelegt hat, ist sehr hilfreich. Im besten Fall werden unsere Stärken gestärkt und unsere Schwächen ein Stückchen abgeschliffen. Dann funkeln alle unsere positiven Facetten, und wir brauchen nicht als ungeschliffene Rohdiamanten durch die Welt zu gehen.

So entsteht Synergie. Zwei Lebewesen fördern sich gegenseitig zum Nutzen beider und idealerweise auch aller anderen Wesen.

Gemeinsame Ziele

Trauen Sie sich, nach ihrem Glück zu streben. Es entfernt sich nicht – wie einige meinen – von denen, die es suchen. Im Gegenteil! Wer es sich nicht zum Ziel setzt, glücklich zu sein, wird es nie erreichen.

Glück als einziges Ziel ist allerdings – auch in einer Partnerschaft – ein bisschen wenig. Man würde nur noch auf Wolke sieben schweben und alles andere verpassen. Es macht noch mehr Spaß und schweißt zusammen, an gemeinsamen Projekten zu arbeiten. Das kann die Gründung einer großen Familie sein, eine Weltumseglung, eine gemeinsame Firma oder all das zusammen.

Zu zweit lässt sich eine Menge auf die Beine stellen. Man schafft mehr als allein. Es ist ein wenig wie bei der Geschichte vom Hasen und dem Igel (in Wirklichkeit sind es ja zwei Igel). Egal, wie sehr sich der Hase beeilt, ein Igel ist immer schon vor ihm da.

In der gar nicht so guten, alten Zeit, als die Liebesheirat noch ziemlich unbekannt war, ging es vor allem darum, dass die Eheleute eine Wirtschaftsgemeinschaft bildeten. Die PartnerInnen wurden danach ausgesucht, dass die gemeinsame Arbeit erledigt werden konnte. Liebe war dabei nicht unbedingt eingeplant.

Dieses Modell, das mit viel Druck und Zwang, Mühe und Leid verbunden war, gehört erfreulicherweise der Vergangenheit an. Zwar gibt es hier und da noch Reste davon, und manchen erscheint es immer noch am wichtigsten, eine »gute Partie« zu machen, aber im Großen und Ganzen ist der Zweck der Ehe nicht mehr das Finanzielle, sondern die innere Verbundenheit zweier Menschen.

Wie wäre es, das Beste aus beiden Modellen zu vereinen? Das hieße, die gegenseitige Zuneigung mit weiteren Zielen, die nicht unbedingt wirtschaftlicher Natur sein müssen, zu verbinden.

Letztlich geht es darum, die gemeinsamen Jahre oder Jahrzehnte sinnvoll miteinander zu verbringen und dabei im besten Fall nicht nur für sich selbst, sondern auch für andere etwas aufzubauen.

Als Vorbild möchten wir Scott und Helen Nearing, zwei Pioniere der amerikanischen Öko-Bewegung, erwähnen, die einander sehr zugetan waren und darüber hinaus eine kleine Farm aufgebaut haben, wo sie Ahornsirup herstellten. Sie haben Häuser errichtet, sind zusammen durch die Welt gereist, haben Bücher geschrieben und interessierten Gästen gezeigt, wie ihr Modell funktioniert.

Bei gemeinsamen Projekten werden die durchschnittlich acht Minuten, die Paare angeblich miteinander am Tag kommunizieren, übrigens keineswegs ausreichen. Sie haben, um Ihre Ziele zu erreichen, einfach zu viel Gesprächsstoff.

Die Nearings sind nur ein Beispiel unter vielen möglichen. Die Idee, mehr als Liebe zusammen zu machen, hat jedenfalls viel für sich: Man lernt sich intensiver kennen und merkt, ob die Gemeinsamkeiten groß genug sind, um über eine längere Distanz zu tragen.

Das Glück einer Wachstumsbeziehung

»Du bist nicht mehr die, die ich geheiratet habe«: Diese als Vorwurf gemeinte Äußerung kann auch ein Kompliment darstellen.

Sie kennen vielleicht die Geschichte von Bertolt Brecht über Herrn K.: Als Herr K. einen alten Bekannten wiedertrifft, ruft dieser ihm zu, er habe sich überhaupt nicht verändert. Herr K. erbleicht daraufhin erschrocken.

Leben ist Veränderung. Stillstand ist Rückschritt. Das ist einem nicht immer recht, vor allem dann nicht, wenn man eine Veränderung für negativ hält. Dabei kann dieser Schluss voreilig sein. Was eine Veränderung bedeutet, erkennt man oft erst viel später. Und es ist ohnehin wieder nur eine Frage der Bewertung.

Was würden wir von einem Kind halten, das nicht erwachsen werden will? Und was von einem 40-Jährigen, der es ablehnt, älter zu werden? Gibt es Pflanzen, die sich weigern, zu wachsen? Na also.

Wir sind auf der Welt, um zu werden. Der viel zitierte Ausspruch des Kunstkritikers Karl Scheffler über die Stadt Berlin, sie sei »dazu verdammt immerfort zu werden und niemals zu sein«, deutet auf eine Sehnsucht nach Beständigkeit hin, die hier auf der Erde jedoch erfüllbar ist. (Und das sagen wir trotz der unzähligen Berliner Baustellen alle paar Meter.) Scheffler hat seine Klage übrigens bereits um 1910 erhoben.

Eine Liebesbeziehung wird nur dann beglückend bleiben, wenn ein Paar bereit ist, Veränderungen zu begrüßen und konstruktiv mit ihnen umzugehen. Welche Chancen liegen darin!

Die Entwicklung eines Menschen ist nie abgeschlossen. Man hat die Möglichkeit, immer mehr die Person zu werden, die man gerne wäre, und immer mehr das Paar, das man sein möchte. Man kann ein Leben lang lernen. Wenn man sich dabei gegenseitig unterstützt, motiviert, tröstet, an das Ziel erinnert, die Erfolge feiert und eventuelle Schwächen ausgleicht, macht es besonders viel Spaß.

Haben Sie nicht auch schon die Erfahrung gemacht, dass sich Ihr Leben in eine vorteilhafte Richtung entwickelt hat, die Sie Jahre vorher nicht für möglich gehalten hätten? Und hatten Sie auch schon das Glück, an Ihrer PartnerIn Seiten zu entdecken, die neu und interessant waren?

Stemmen wir uns also nicht gegen Veränderungen, sondern wachsen und werden wir, blühen und reifen wir! Dann können wir auch ohne Bedauern eines Tages vergehen.

Neugierig und spannend wie am Anfang

Die junge Liebe, das erste Kennenlernen und sich verlieben, wird besungen und verherrlicht, die alte Liebe, die in die Jahre gekommen ist, belächelt und abgewertet. Allein das Wort »alt« gilt vielen als Synonym für »schlecht«.

»Der Lack ist ab«, denken viele mit der Zeit über sich und andere und übersehen dabei den Charme, den wettergegerbte, charaktervolle Menschen und Dinge ausstrahlen. Vintage ist bisher leider nur bei Möbeln und Designerkleidung beliebt.

Aber woran liegt es, wenn aus Partnerschaften die Luft raus ist? Am Alter mit Sicherheit nicht; denn auch kurze Beziehungen scheitern nicht an Altersschwäche. Und einige waren sowieso nur heiße Luft statt heiße Lust.

Man glaubt, sich und den anderen zu kennen, und kann sich damit sehr täuschen. Bleibt man neugierig aufs Leben, gibt es auch an der PartnerIn immer wieder Neues zu entdecken. Wer rastet, rostet, sagt der Volksmund, und: Alte Liebe rostet nicht. Darf man daraus schließen, dass nur Liebe, die rastet, rostet? Und was bedeutet das?

Menschen, die »rasten«, entwickeln sich nicht weiter. Sie bleiben stehen statt weiterzugehen. Es passiert nichts Neues mehr in ihrem Leben. Der nächste Tag ist wie der vorige. So ist es auch mit der Liebe. Wenn die beiden Liebenden nichts Neues mehr unternehmen, ist ein Tag wie der andere. Bleibt einer der Partner stehen oder gar beide, fangen sie an zu rosten, und mit ihnen die Liebe.

Lassen Sie das nicht zu. Polieren Sie Ihre Liebe regelmäßig auf, damit sie blitzt und blinkt. Neugierig zu bleiben ist eminent wichtig. Der Kopf ist rund, damit das Denken die Richtung ändern kann. Überraschen Sie sich und Ihre

PartnerIn immer mal wieder mit neuen Ideen und lassen sich ebenso von Ihrem Lieblingsmenschen überraschen. Was könnten Sie zum Beispiel gleich in dieser Woche tun, was Sie noch nie oder sehr lange nicht mehr getan haben?

Inspirieren Sie sich und Ihre PartnerIn immer wieder zu neuen Entwicklungen. Wechseln Sie die Berufe. Ziehen Sie in eine neue Stadt oder aufs Land. Schreiben Sie sich für einen Tangokurs ein. Gründen Sie zusammen mit ein paar anderen eine Band und spielen Sie jeden Samstag in der Fußgängerzone. Es gibt so viele Möglichkeiten, sich weiterzuentwickeln und dadurch für sich selbst und die PartnerIn interessant zu bleiben.

Sehen Sie Entwicklungen nicht als bedrohlich an, und begleiten Sie Änderungswünsche Ihrer PartnerIn wohlwollend statt neidisch oder ängstlich. Auf diese Weise werden Sie viel Freude aneinander haben. Sie sind dann in der glücklichen Lage, von einem Menschen ermutigt, inspiriert und gefördert zu werden, der daran interessiert ist, dass Sie körperlich, geistig und seelisch wachsen, und der die erforderlichen Schritte mit Ihnen wagt. Am besten funktioniert diese Entwicklung auf Gegenseitigkeit.

Sie haben auf diese Weise jemanden, der Sie fragt, was Ihre tiefsten Bedürfnisse sind, und Sie dabei unterstützt, diese zu leben. Sie haben sozusagen einen privaten Coach, der Ihre Entwicklung wohlmeinend und durchaus auch manchmal kritisch-konstruktiv begleitet.

Gehen Sie raus aus der rostgefährdeten Komfortzone und runter vom Sofa. Das tut Ihnen und Ihrer PartnerIn gut (was nicht bedeutet, dass Sie sich keine Ruhepausen gönnen sollten!).

Bestimmt kennen Sie auch – wie wir – einige ältere Paare, bei denen das wunderbar funktioniert und die deswegen deutlich mehr mit ihren Zielen und Interessen als mit ihren Wehwehchen beschäftigt sind.

Wer sagt denn, dass Ihre beste Zeit – auch als Paar – nicht noch kommt?

Wie Lachyoga, nur besser

Es ist ein gutes Zeichen, wenn Paare viel miteinander lachen. Haben Sie auch bestimmte Stichwörter, Gesten oder Szenen, die für Sie zu Familienwitzen geworden sind? Es ist so eine Art Geheimsprache des Humors, denn Uneingeweihte können sich nicht erklären, warum Sie gerade jetzt losprusten und kaum an sich halten können.

Der US-amerikanische Schriftsteller und Radiomoderator Studs Terkel vermisste nach dem Tod seiner Frau und dem zunehmenden Ableben seiner Freunde (Terkel wurde 96) am meisten das gemeinsame Lachen und Singen. Mit niemandem konnte er sich mehr so richtig über seine Lieblingswitze amüsieren, und keiner kannte mehr die alten Lieder.

Humor nimmt den unvermeidlichen Konflikten und Problemen in einer Beziehung die Schärfe. Es ist einfach entwaffnend, auf die entnervte Frage »Mit den ganzen Socken, die im Wohnzimmer liegen, kannst du einen Laden aufmachen« zu hören: »Woher weißt du, dass ich beruflich umsatteln will?«

Es geht um die liebevollen Frotzeleien, nicht um aggressives Spotten. Echtes Lachen steckt an. Das klappt schon bei Säuglingen und hört auch mit 100 Jahren nicht auf. Ist Ihnen aufgefallen, dass alle Menschen – egal welcher

Hautfarbe und aus welcher Ecke der Welt – in derselben Sprache lachen? Viele Witze, besonders die wortlosen Slapsticks, werden überall verstanden.

Lachen ist gesund. Kein Wunder also, dass das Lachyoga kreiert wurde. Es macht sich die ansteckende Wirkung des Lachens zunutze. Eine/r fängt an, und nach kurzer Zeit können sich auch die, die zuerst unbeteiligt blieben, nicht mehr entziehen.

Die Erfahrung, wie schnell ein Lächeln die schwarzen Wolken über dem Kopf zu vertreiben vermag, hat wohl jeder schon gemacht. Das heißt jetzt nicht, dass Sie jederzeit den Clown in Ihrer Partnerschaft spielen sollten. Aber aus dem Leben lieber eine Komödie als eine Tragödie zu machen scheint uns allemal empfehlenswert.

Flitterwochen, die nie enden

Das Wort Flitterwochen oder Honeymoon stammt aus Zeiten, in denen Paare nicht bereits zehn Jahre mit zwei gemeinsamen Kindern zusammenlebten, bevor sie heirateten. Der Honigmond ist nicht nur dazu da, sich der schönsten Nebensache der Welt hinzugeben (flittern kommt von liebkosen), sondern sich auch sonst besser kennenzulernen und viel Spaß miteinander zu haben (flittern kommt auch von kichern).

Klassischerweise reist das frischverheiratete Paar an irgendeinen paradiesischen Ort, um sich dort wie einst Eva und Adam zu fühlen. Von der Schlange, die die Vertreibung aus dem Paradies ankündigt, ist weit und breit noch nichts zu sehen. Andererseits hat die Schlange dabei mitgeholfen, dass Menschen zwischen gut und böse unterscheiden können und die Wahlfreiheit zwischen beiden bekamen.

Das neu vermählte Paar unternimmt am paradiesischen Ort interessante Ausflüge, labt sich an köstlichen Speisen, erzählt sich Lach- und Sachgeschichten und nimmt sich alle Zeit der Welt füreinander.

Adam und Eva checken weder ihre Smartphones, noch bearbeiten sie geschäftliche Mails, geschweige denn, dass sie ihre Mittagessen fotografieren, um diese auf Facebook zu posten. Stattdessen halten sie Händchen, turteln und kichern, und die Welt um sie herum versinkt.

Aber auf Dauer wird selbst das langweilig. Unsere Sinne leben von Kontrasten. Deshalb brauchen wir auch den Alltag. Trotzdem sollten wir uns immer ein Stückchen dieser paradiesischen Zeit bewahren.

Als Sie sich kennengelernt haben, war Ihnen vermutlich kein Weg zu weit, kein Fluss zu tief und kein Berg zu hoch, um zueinander zu gelangen. Sie haben die Beziehung zu Ihrer zukünftigen PartnerIn nicht als selbstverständlich betrachtet und sind schon gar nicht dem Irrtum erlegen, sich irgendwelche verbrieften Rechte aufeinander einzubilden. Vielmehr haben Sie sich kleine Geschenke gemacht und einander zärtliche Sätze ins Ohr geflüstert (flittern kommt auch von flüstern). Und der Blumenstrauß war höchstpersönlich ausgesucht und nicht von der Sekretärin.

Falls Ihnen das ein wenig verloren gegangen ist, versetzen Sie sich in diese Zeit zurück. Holen Sie sich Ihre Begeisterung darüber zurück, dass Ihr Lieblingsmensch Ihre Gefühle erwiderte. Sie haben jede Menge Gründe gehabt, sich ineinander zu verlieben. Erinnern Sie sich noch an einige davon?

Wenn alles gut geht, hören Sie nie auf, zu flittern. Sie leben miteinander in einem Geist der Zuneigung und Zärtlichkeit füreinander.

Zyniker, bitte draußen bleiben!

Ja, die Welt ist kein Paradies. Sie ist oft nicht so, wie wir sie gerne hätten. Trotzdem muss man schon eine tief dunkel getönte Brille aufsetzen, um ausschließlich Böses, Abgründiges und Hässliches zu sehen.

Aber auch ohne diese Brille haben nicht wenige Menschen den Glauben an die Liebe verloren. Manchmal geschah dies schon nach einer einzigen großen Enttäuschung. Dabei weiß man doch eigentlich, dass man nicht alles auf dem silbernen Tablett serviert bekommt, sondern viele Anläufe nehmen muss, bevor es klappt. Das ist mit der Liebe nicht anders. Lieben will gelernt sein. Man muss so lange üben, meist mit mehreren PartnerInnen, bis man den Bogen raus hat.

Fälschlicherweise scheint die Mehrzahl der Menschen zu glauben, Liebe sei eine Art Objekt, das man erlangt, vielleicht sogar kaufen und dann für immer behalten kann. In Wirklichkeit kommt und geht sie. Sie wird stärker und schwächer, und wenn man nicht aufpasst, geht sie für immer.

ZynikerInnen halten Liebe prinzipiell für eine Illusion naiver TräumerInnen. Sie haben keine Mühe, Beispiele für ihre Überzeugung zu finden. Aber ihre Wahrnehmung ist einseitig und damit irrational. Sie verdrängen und verleugnen die gegenteiligen Beispiele. Das ist bedauerlich, denn von solchen »erfolgreich« Liebenden könnte jeder lernen, wie es geht.

Werden Sie bitte nicht wie der missmutige Mann, der sich von seinem Nachbarn gerne einen Hammer borgen würde, jedoch so pessimistisch ist, dass er sich immer mehr in eine mögliche Ablehnung hineinsteigert. Zum Schluss ist er so davon überzeugt, dass sein Nachbar ihn abweisen wird, dass er nur noch bei diesem klingelt, um ihn mit den Worten anzubrüllen: »Behalten Sie Ihren blöden Hammer!«

Die Erwartungen bestimmen in hohem Maße die Erfahrungen. Glaubt man, Liebe, Freundlichkeit und Partnerschaft seien unerreichbar, strahlt man so viel Skepsis, Enttäuschung und Verbitterung aus, dass potenzielle PartnerInnen schon ein großes Maß an unbeirrbarer Zuneigung an den Tag legen müssen, um sich nicht abschrecken zu lassen. Kein Wunder, wenn sich dem Hoffnungslosen der Zauber der Liebe nicht offenbart. Nicht umsonst heißt ein Buch des US-amerikanischen Psychologen Martin Seligman »Pessimisten küsst man nicht«.

Sehr verbreitet ist ein süßliches, verkitschtes, romantisches und träumerisches Bild von der Liebe, das in unserer Kultur durch entsprechende Filme und Lieder noch verstärkt wird. Erfüllen sich solche Zuckerwattefantasien nicht, verfällt man leicht ins Gegenteil und wird zynisch.

Dabei ist die wahre Liebe viel besser als jedes Traumbild. Sie hat mit Illusionen und Zynismus nichts zu tun. Wir brauchen realistische, lebbare, doch nicht weniger positive Vorstellungen von der Liebe und der Partnerschaft. Es kostet viel mehr Kraft, einen endlosen Ehekrieg zu führen, ständig neue Dramen zu kreieren und sich am Ende zu hassen, als Liebe, Lust und Lachen zu lernen. Mit dem ABC der Gefühle hat man ein Mittel in der Hand, genauer gesagt im Kopf, mit dem sich auch Kränkungen so neutralisieren lassen, dass der Glaube an die Liebe nicht darunter leidet.

Interessanterweise verhält es sich mit der Liebe häufig genauso paradox wie mit anderen Dingen im Leben. Je mehr man sie sich wünscht, desto stärker scheint sie sich von einem zu entfernen. Nicht nur Katzen laufen vor denen davon, die nach ihnen greifen, und schmiegen sich an diejenigen, die sie in Ruhe lassen. Auch Menschen neigen dazu, zu fliehen, wenn man sie binden will, und zu bleiben, wenn man ihnen ihre Freiheit lässt.

Leider lernt man manchmal schon als Kind, mit seiner Zuneigung vorsichtig zu sein. Zu oft wurde man vielleicht von seinen Eltern und anderen Erwachsenen tief enttäuscht. Andererseits haben viele gleich oder später Liebe erfahren, sei es von Eltern, Verwandten, FreundInnen oder PartnerInnen. Die Tatsache, dass nicht alle Verbindungen gehalten haben, beweist nicht, dass dauerhafte Liebesbeziehungen unmöglich sind, sondern nur, dass nicht jede Liebe ein Leben lang hält. Nicht mehr und nicht weniger.

Sogar oder gerade wenn es um einen herum nur wenig Freundlichkeit zu entdecken gäbe, könnte man es sich zur Aufgabe machen, selbst liebevoll zu denken und zu handeln und damit andere anzustecken. Um zu lieben, braucht man nicht einmal ein Gegenüber, das die Liebe erwidert, auch wenn das natürlich besonders schön ist.

Eines können wir Ihnen versichern: Wir, die AutorInnen dieses Buchs, leben und lieben so, wie wir es in diesem Buch beschreiben. Wir wissen von anderen Paaren, die es genauso machen. Leider sind es nicht so viele. Wir hoffen, dass Sie bereits jetzt oder schon bald zu den glücklich und gelassen Liebenden gehören.

Lassen Sie sich von den ZynikerInnen dieser Welt nicht einreden, es gäbe sie gar nicht, Sie und Ihre Liebe!

VI. Der Merkzettel für Gelassenheit in der Liebe

Hier noch einmal die wichtigsten Grundsätze für gelassenes Lieben:

1. **Übernehmen Sie Verantwortung für Ihre Gefühle.**

Nicht die Ereignisse lösen Ihre Gefühle aus, sondern Ihre Bewertungen. Je liebevoller Ihre Bewertungen ausfallen, desto mehr Liebe lassen Sie in Ihr Leben.

2. **Übernehmen Sie Verantwortung für Ihr Glück.**

Ihr Glück hängt nicht von anderen ab, sondern von Ihnen selbst. Ihre PartnerIn ist nicht dazu da, Sie glücklich zu machen, und Sie sind nicht dazu da, Ihre PartnerIn glücklich zu machen.

3. **Lieben Sie sich selbst.**

Wenn Sie es nicht schaffen, sich selbst zu lieben, können Sie niemand anderen lieben.

4. **Liebe beruht auf tiefem Wohlwollen.**

Freundlichkeit, Verständnis, den anderen glücklich sehen wollen und entsprechend handeln: Das sind die Bausteine einer erfüllten Partnerschaft.

5. **Akzeptieren Sie Ihre PartnerIn, wie sie ist.**

Eine Partnerschaft ist kein Umerziehungscamp. Suchen Sie sich Ihren Lieblingsmenschen sorgsam aus, und dann erlauben Sie ihm, so zu sein, wie er möchte.

6. **Falls Sie etwas ändern möchten, ändern Sie sich selbst.**

Verschwenden Sie Ihre Energie nicht damit, andere ändern zu wollen. Die einzige Person, die Sie garantiert ändern können, sind Sie selbst.

7. **Sprechen Sie mit Ihrer PartnerIn über alles.**

Wie wollen Sie sich beide kennenlernen, verstehen, gemeinsame Pläne schmieden und Meinungsverschiedenheiten klären, wenn Sie nicht offen alles ansprechen, was Sie bewegt?

8. **Ärgern Sie sich nicht über Kleinigkeiten.**

Am besten wäre es, sich überhaupt niemals zu ärgern. Das scheint jedoch ein unerreichbares Ideal zu sein. Also verzichten Sie wenigstens auf den Ärger über Kinkerlitzchen. Niemand braucht Ärger. Wenn Sie etwas erreichen wollen, kommen Sie mit Gelassenheit am weitesten.

9. **Meckern Sie selten.**

Gar nicht, wäre wohl zu viel verlangt. Äußern Sie offen Ihre Wünsche, wenden Sie die Grundregeln kluger Kommunikation an, aber kritisieren Sie nicht so oft an Ihrer/m PartnerIn herum.

10. **Richten Sie Ihren Fokus auf das Erfreuliche.**

Wenn Sie wollen, finden Sie bei allem das sprichwörtliche Haar in der Suppe. Dann werden Sie allerdings nicht viel Spaß am Leben und an der Liebe haben.

Machen Sie es lieber umgekehrt: Konzentrieren Sie sich auf all die wunderbaren Seiten, die Sie selbst und Ihre PartnerIn besitzen. Und fangen Sie am besten gleich damit an!

Literatur

Beck, Aaron: *Liebe ist nie genug. Missverständnisse überwinden, Konflikte lösen, Beziehungsprobleme entschärfen.* Köln 1992

Byron Katie: *Ich brauche deine Liebe – ist das wahr? Liebe finden, ohne danach zu suchen.* München 2013

Ellis, Albert/Crawford, Ted: *Training der Gefühle in der Partnerschaft. 7 Wege zu einer erfüllten Liebe.* München 2003

Gordon, Thomas: *Gute Beziehungen. Wie sie entstehen und stärker werden.* Stuttgart 2014

Gottman, John: *Die 7 Geheimnisse der glücklichen Ehe.* Berlin 2014

Hohensee, Thomas: *Gelassenheit beginnt im Kopf. So entwickeln Sie einen entspannten Lebensstil.* München 2015

Hohensee, Thomas: *Das Gelassenheitstraining. Wie wir Ärger, Frust und Sorgen die Macht nehmen.* München 2014

Hohensee, Thomas: *100 x gelassener. Hundert Fragen und Antworten, die Ihr Leben verändern können.* München 2015

Hohensee, Thomas: *Der innere Freund. Sich selbst lieben lernen.* München 2011

Hohensee, Thomas/Georgy, Renate: *Zufrieden geschieden – So machen Sie das Beste aus Ihrer Trennung.* München 2016

Luskin, Fred: *Die Kunst zu verzeihen. So werfen Sie Ballast von der Seele.* München 2003

Rohr, Richard/Ebert, Andreas: *Das Enneagramm: Die neun Gesichter der Seele.* München 2014

Seligman, Martin: *Pessimisten küsst man nicht. Optimismus kann man lernen.* München 1993

Smith, Manuel: *Sag Nein ohne Skrupel: Die neue Methode zur Steigerung von Selbstsicherheit und Selbstbehauptung.* München 2005

Thomas Hohensee gehört zu den erfolgreichsten deutschsprachigen Sachbuchautoren. Sein Buch »Gelassenheit beginnt im Kopf« hat sich 130.000 Mal verkauft. Seine Erfolgsbilanz seit 2002: fünfzehn Bücher, Gesamtauflage 300.000 Exemplare, Übersetzungen in sieben Sprachen.

Mit seinem Coaching hilft er seinen KlientInnen dabei, glückliche, entspannte Beziehungen zu führen. Regelmäßige Seminare runden das Angebot ab.

Als Experte für Persönlichkeitsentwicklung wird Thomas Hohensee immer wieder in den Medien genannt.

Weitere Informationen unter www.thomashohensee.de

Renate Georgy hat als Fachanwältin für Familienrecht 25 Jahre lang täglich in ihrer eigenen Praxis erfahren, woran Ehen zerbrechen. Sie kennt die Fehler, an denen viele Paare scheitern, in all ihren Varianten.

Als Autorin, Coach und Seminarleiterin schreibt und unterrichtet sie heute, wie die Liebe gelingt.

Thomas Hohensee und Renate Georgy leben seit mehr als 30 Jahren glücklich und entspannt zusammen. Sie wissen, wovon sie reden.

Im Frühjahr 2016 ist von ihnen der Titel »Zufrieden geschieden – Wie Sie das Beste aus ihrer Trennung machen« erschienen. »Gelassenheit in der Liebe – Vom Beziehungsfrust zum entspannten Glück« ist ihr zweites gemeinsames Buch.